天皇のお言葉

明治・大正・昭和・平成

辻田真佐憲

GS
幻冬

JN196087

はじめに

新帝即位と教養としての「お言葉」

われわれはいま、新帝即位の盛典を迎えようとしている。あまたの王室や帝室が倒れてひさしいこの世界にあって、なかなか出会えぬ稀有な機会といわなければならない。しかも本邦にあって、約二〇〇年ぶりの譲位なのである。

明仁天皇は、譲位にあたってなにを言い残すのか。徳仁新天皇は、即位にあたってなにを告げ知らせるのか。その「お言葉」の一言一句に、ひとびとの耳目が集まるだろう。そしてあちこちで、かならずや解説や解釈が百花繚乱と咲き乱れるだろう。その賑やかなること、いまから推して知るべしだ。

だけれども、天皇の「お言葉」はわかりやすいようで、奥が深い。何気ない言葉づかいがそれまでの歴史と響き合っていたり、なんのことはない一節がさまざまな調整や折衝の結果だったりする。

二〇一六年のビデオメッセージ「象徴としてのお務めについての天皇陛下のおことば」にしても、天皇の行為をめぐる既存の議論（第六章参照）などを踏まえておかなければ、十分に理解しにくいものだった。長い歴史を誇る皇室だけに、われわれの側にも準備運動が求められている。基礎的な知識を欠けば、どのような論議も、イデオロギー的な対立図式のなかで虚しく空回りせざるをえない。これは今日的な病弊だ。

では、一時的なお祭り騒ぎに惑わされず、「お言葉」について冷静に考え、理解するにはどうすればよいだろうか。現代日本と密接に連なっている、明治・大正・昭和・平成の歴史を振り返りつつ、そのときどきのおもだった「お言葉」を教養として押さえておくこと、これにしくはない。そして本書の狙いも、まさにここにある。

ここで「お言葉」とは、公式の詔勅から私生活での発言まで幅広く含んでいる。明治天皇であれば、「五箇条の御誓文」や「軍人勅諭」「教育勅語」だけではなく、京都弁の叱責や苦言までも視野に入れている。

天皇はロボットではない。日常の我意を知ってこそ、かえって戦時下の超人的な忍耐も際立つのであり、戦争回避の本音を知ってこそ、「民を苦しめたくない」という表向きの発言も生々しく迫ってくる。過剰な美化も、過剰な蔑視も、「お言葉」を理解する上では妨げでしかない。

昭和天皇についても、まったく同じことがあてはまる。軍国主義者、平和主義者、専制君主、たんなるお飾り――。さまざまなレッテルが貼られ、毀誉褒貶《きよほうへん》かまびすしいものの、その「お言葉」はどれくらい知られているだろうか。

昭和天皇は、戦前・戦中、軍部を止めたかと思えば、軍事行動を追認し、戦勝にニコニコ笑ったかと思えば、敗退に焦って決戦を求めた（第四章参照）。そして占領下、マッカーサーに共産主義の危険性を説いたかと思えば、吉田茂に海外領土の喪失を嘆いた（第五章参照）。それはまるでジェットコースターのように、上下左右に揺れ動いた。

有名な「大東亜戦争終結に関する詔書」（玉音放送）も、「新日本建設に関する詔書」（人間宣言）も、この激しい揺れのなかにおいて、はじめてその意義を正しく理解できるのである。

もちろん、天皇同士の関係性も大切だ。昭和天皇の気負いには、大正天皇の発病が関係しているし、今上天皇の平和への思いには、昭和天皇の戦時下の言動が関係している。「お言葉」には、みえない参照の糸が飛び交っている。本書では、この点にもできるだけ注意を払った。

あらためて強調するまでもなく、このような「お言葉」は、ひとびとの運命を動かし、時代を大きく左右したものだった。それは、近現代の歴史を知る上で最高のテキストであり、至高のメディアなのだ。「お言葉」だけで一五〇年の歴史をたどれるといっても、けっして過言ではない。

そのため、現在では存在が疑問視されている「お言葉」についても、注記しつつ、できるだけ触れるように心がけた。というのも、そのような神話や議論自体が、「お言葉」の存在感を物語ってあまりあるからである。

「お言葉」を読み解く四つのキーワード

「お言葉」の読み解き方は、究極的には読者に委ねられている。本書についても、思い入れのある天皇の章から読んでいただいて構わない。ただ、読み進める上で手がかりとなるキーワードを最初にあげておきたい。それは、**〈時代的〉〈超時代的〉〈人格的〉〈超人格的〉**の四つだ。

まず、**〈時代的〉**とは、その時代の動向に寄り添う性質のことである。天皇の権威は常に絶対ではない。時代に反する「お言葉」は容赦なく無視される。そして無視されれば権威が傷つき、皇位の存続が危うくなる。カリスマ性があるとされる、あの明治天皇や昭和天皇でさえその例に漏れなかった。そのため「お言葉」は、時代の動向（帝国主義や軍国主義など）に寄り添わざるをえない。

つぎに、〈**超時代的**〉とは、普遍的な価値観に配慮する性質のことである。皇統は、神話を含めると今日で二六〇〇年以上の歴史を有する。この伝統を守るためには、そのときどきで倒れるかもしれない目前の価値観に寄り添ってばかりではいられない。したがって「お言葉」は、超時代的な、つまり普遍的な価値観（平和や人類の福祉など）にも配慮しなければならない。

第三に、〈**人格的**〉とは、ひとりの人間と不可分な性質のことである。天皇といっても、生物学的にはひとりの人間にすぎない。「お言葉」もその人間から発せられる以上、私的な意志もあれば、趣味嗜好にかんするものも存在する。「お言葉」が、ときに激しく感情を揺さぶるのも、そこに常にひとりの人間の表情や感情やドラマが関連しているからにほかならない。

第四に、〈**超人格的**〉とは、集団の影響をまぬかれない性質のことである。「お言葉」の多くは、政府や官僚機構などの集団によって起草され、修正され、確定される。たとえ突

天皇の「お言葉」の位置づけ

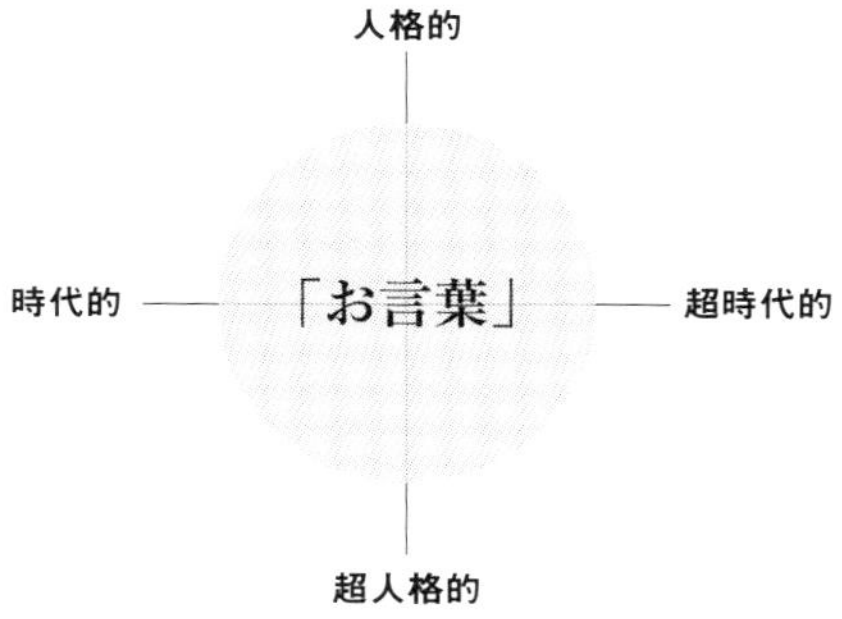

発的に口頭で発せられるものであっても、そこには側近の助言や帝王教育の影響がみて取れる。「お言葉」は、常に集団的な合作の性格を帯び、ひとりの人格を超えざるをえない。

つまり、天皇の「お言葉」は、**〈時代的〉**でありながら**〈超時代的〉**であり、**〈人格的〉**でありながら**〈超人格的〉**でもある、矛盾と緊張感のなかで日々生成されている（上図）。だからこそ、空理空論に陥らないが、清廉潔白でもない。よくも悪くも、**〈地に足の着いた理想主義〉**が「お言葉」の特徴なのである。ふしぎな魅力の根源もまさにこの点にあるのではないだろうか（逆に、この特徴を押さえなければ、一面的な肯定や否定に陥る恐れがある）。

前口上が長くなった。「お言葉」の歴史は、「お言葉」そのものに語らせなければならない。それでは、明治・大正・昭和・平成の種々の「お言葉」にしばし耳を傾けてみることにしよう。

＊本文では「お言葉」はたんに言葉とした。ただし、天皇の言葉の略として「お言葉」を用いたところもある。
＊各時代の天皇は、いちいち明治天皇、大正天皇などと書かず、原則的にたんに天皇と記した。年齢は満年齢を用いた（一八七二年までは太陰暦を用いた）。
＊「お言葉」は太字とし、前後に出典を掲げた。ただし、『明治天皇紀』『大正天皇実録』『昭和天皇実録』『昭和天皇発言記録集成』『官報』「宮内庁ウェブサイト」など基本的なものについては、年月日で容易に検索できることもあり、いちいち記さなかった（誤字や誤植は、ほかの資料と対照して適宜修正した）。
＊難解な詔勅には、大意を添えた。資料名はその出典であり、資料名のないものは著者が大まかに訳出した。なお詔勅には基本的に正式なタイトルがないため、一般的に通用するものをもって代えた。
＊資料の引用にあたっては、読みやすさを考慮し、漢字の字体やかなづかいを改め、適宜句読点や濁点を補い、改行を行なうなどした。また、傍点や傍線などはすべて引用者がつけた。
＊今日では不適切と思われる語句や表現などもみられるが、これらは時代背景や歴史資料としての価値を考慮し、そのままとした。

天皇のお言葉／目次

第五章 昭和天皇②
君主をやめられない症候群 247

図版・DTP　美創

第一章　明治天皇①

表の文語体、裏の京都弁

「広く会議を興し、万機公論に決すべし」

（明治元・一八六八年）

明治天皇（睦仁）は一八六七年一月九日、孝明天皇の崩御を受けて皇位を継いだ。わずか一四歳だった。

明治天皇。1852年9月22日（新暦、11月3日）、孝明天皇の第2皇子として誕生。母は中山慶子。写真は1872年、内田九一撮影（『明治天皇聖徳大鑑』より）。

どんな英君でも、この若さで政治的な采配は振るえない。まして当時の日本は、欧米列強の魔手に囲まれて、まさに危急存亡の秋《とき》であった。公的に発せられる天皇の言葉が、もっぱら明治新政府の首脳によって作られ、天皇個人の意向に左右されなかったのもゆえなしとしなかった。天皇の言葉は当初、徹底して統治の道具だったのである。

有名な「五箇条の御誓文」は、まさにこうした公的な言葉の典型だった。たしかに天皇は、一八六八年三月一四日、みずから京都御所の紫宸殿で臣下を率いて五箇条の国是を天地神明に誓った。だがその内容は、由利公正が起草し、福岡孝弟《たかちか》、木戸孝允らが修正したものだった。

一、広く会議を興し、万機公論に決すべし。
一、上下心を一にして、盛に経綸《けいりん》を行ふべし。
一、官武一途庶民に至る迄《まで》各其志を遂げ、人心をして倦《うま》ざらしめん事を要す。
一、旧来の陋習《ろうしふ》を破り、天地の公道に基くべし。
一、智識を世界に求め、大に皇基を振起すべし。

教科書にも載っているものなので、あらためて多言はいるまい。現代語にすると、「①広く会議を起こし、なにごとも正しく決めなければならない。②身分にとらわれず一致協力して、よい国づくりをしなければならない。③公家や武士、庶民にいたるまで、どんな立場でも目標を達成でき、失望しなくても済むようにしなければならない。④古い悪習をやめ、ただしい道理でものごとを進めなければならない。⑤世界の知識を取り入れ、大いに天皇中心の国家を繁栄させなければならない」くらいの意味になるだろう。

なかでも冒頭の「広く会議を興し、万機公論に決すべし」は、民主主義や議会制の理想をうたったものと名高く、現在でもしきりに引用される。ただ、起草の過程をみると、そう単純ではなかった。

「会議」の部分は当初「列侯会議」、つまり大名たちの集まりとされていた。ところが、これでは各藩の影響が新政府に残り、急速な近代化の妨げになるかもしれない。そこで、たんなる「会議」に修正されたのである。つまり、玉虫色の決着だったのであり、「会議」という言葉自体に積極的な意味合いはなかった。

「五箇条の御誓文」と一緒に発表された「国威発揚の宸翰《しんかん》」をみても、そのことがよくわかる。宸翰とは天皇の自筆のことであり、これまた天皇の言葉の一種だった。ここでは、上下一致や陋習打破などについて言及はあっても、肝心の「会議」についてはまったく述べられていなかった。

往昔
列祖万機を親《みづか》らし、不臣のものあれば自ら将としてこれを征し玉ひ
朝廷の政総て簡易にして如此《かくのごとく》尊重ならざるゆへ《ママ》、君臣相親しみて上下相愛し、徳沢
天下に洽《あまね》く、国威海外に輝きしなり。［中略］
朕こゝに百官諸侯と広く相誓ひ、
列祖の御偉業を継述し、一身の艱難辛苦を問ず、親ら四方を経営し、汝億兆を安撫し、
遂には万里の波濤を拓開し、国威を四方に宣布し、天下を富岳の安きに置んことを欲す。

【大意】
その昔、歴代の天皇はみずから政務を行なわれ、反逆するものがいればみずから軍隊を率いて討伐にあたられた。朝廷の政治はすべて簡易であり、今日のように重苦しくなかったので、君臣の距離は近く親しく、その恵みは国内に広く行き渡り、国威は海外にまで輝いた。［中略］
朕は、ここに公家や大名たちと誓い合う。歴代天皇のご偉業を受け継ぎ、この身の

苦しみは度外視して、みずから全国を経営し、お前たち臣民を安んじ、ついには遠く海外にも進出し、国威を世界に広めて、日本を揺るぎなく安泰な国にすることを。

強調されているのは「話し合い」ではなく、むしろ天皇の親裁だ。遠い昔の天皇は、みずから政治を執り行ない、国をうまく治めていた。朕もその例にならっていきたい。明治天皇はそう述べているのである。もちろん、これは天皇個人の考えではなく、明治新政府のそれだった。

そもそも「五箇条の御誓文」は、旧幕府軍を力で討滅せんとする、戊辰戦争のさなかに発表された。そこで「みんなで話し合おう」と呼びかけても、あまりに現実味がない。それよりも、天皇（＝新政府）中心の政治をやっていくぞと宣言した。そう理解したほうが整合性が取れる。

もっとも、天皇の言葉は原義にとどまらない。「宸翰」はいつしか忘れ去られ、「御誓文」だけが残り、過度に理想化されてしまった。それは、自由民権運動の前後ですでにはじまり、大正デモクラシー期やアジア太平洋戦争の敗戦後にも繰り返され、現在にいたっている。

その原因としては、①天皇の言葉という権威性、②簡潔・曖昧ゆえの多義性、③明治元年の国是という象徴性に加え、④「会議」という言葉の応用のしやすさがあげられるだろう。

そう、天皇の言葉は独り歩きする。われわれはこのあと、その威力を痛いほど思い知らされるだろう。

「ことしは見むと思ふたのしさ」

（明治一〇・一八七七年）

「五箇条の御誓文」はわかりやすい公的な言葉だった。これにたいし、記録こそ少ないものの、若き天皇の私的な言葉が残っていないわけではない。

天皇は一八七〇年代の前半、つまり一〇代後半から二〇歳ころまでの時期に、士族出身の高島鞆之助《とものすけ》侍従と剣道をして、わしは楠《くすのき》正成である。賊将尊氏を撃つのだ。

と叫びながら、木刀でなんども高島を叩いたことがあった（渡辺幾治郎『明治天皇』）。北朝の子孫である天皇が、南朝の功臣である楠木正成に成り代わっていた。大義名分にうるさいものが聞けば、卒倒するかもしれない。私的でなければお目にかかれないたぐいの言葉だった。

東京に移った天皇は、たくましく成長しつつあった。みやびかもしれないが、なよなよとしていて、ひきこもりがちな公家の文化は、近代国家の君主にふさわしくなかった。天皇は、宮中改革を受け入れ、白粧をやめ、髷を切り、代わりに武道をたしなみ、馬に乗り、お気に入りの侍臣などを集めて宴会を開き、勇壮な物語を肴に大酒を飲むなど、質実剛健な気風に親しむようになった。それが言葉の端にもあらわれたのである。

とはいえ、一五歳まで京都で育った天皇には、それでも公家の文化が色濃く残っていた。その象徴が、京都弁だった。公式記録の『明治天皇紀』では文語体に直されているものの、天皇の私的な言葉は訛っていた。とくに奥（天皇の私的な生活空間）ではそうだった。

側室のひとり、柳原愛子《なるこ》（大正天皇の生母）は証言する。天皇は夏でも冬でも、政務では冬用の服を着用していた。したがって炎暑の日には汗がものすごいことになった。もっと涼しい服を着ればいいものを、天皇はこういって改めようとしなかった。

何を着て居ても暑い時は暑いのや。これでえゝ。

「御真影」の厳しいイメージには似つかわしくないが、現実にはこんな柔らかい言葉も話していたのだ。

天皇の「御真影」。1888年、イタリア人画家キヨソーネが描いた肖像画を、丸木利陽が撮影して完成した（『明治天皇聖徳大鑑』より）。

天皇はまた能が好きだった。英照皇太后（天皇の嫡母）のため青山御所に能舞台を建て、自身もしばしばおもむいて観劇した。しかるに、皇太后が亡くなるとまったく接点がなくなった。側近の岩倉具定が「御好き様なものなら、時々御催し遊ばしては如何でござ

います」と提案したものの、天皇はこれまた京都弁で、

一ぺん見ると、又あとが見たうなつていかん。

と退け、ついに能を楽しまなかった。

別の証言にも耳を傾けておこう。長らく侍従として仕えた日野西資博もまた、天皇の京都弁を伝えている。天皇は、臣下のごまかしや嘘を非常に嫌がった。ものを壊したりしてもすぐに申告すれば、

是《これ》から気を付けや。

くらいで済んだが、ごまかしたり、あとで発覚したりすると、

お前、何を言つて居るのや。

などと雷が落ちた。もっともな怒りではあるものの、関西風の言い回しだと凄みも増して感じられる（以上、『「明治天皇紀」談話記録集成』）。

天皇の京都への愛着は、じっさい並々ならぬものがあった。食べ物でも京都方面から取り寄せたものを好み、魚では、若狭湾で取れた小鯛や鰈《かれい》、野菜では、嫁菜、蒲公英《たんぽぽ》、独活《うど》などをよく食べた。

食べ物でさえそうなのだから、里帰りは格別だった。一八七七年二月、二四歳の天皇は、ひさしぶりに京都におもむいたおり、このように詠って喜びをあらわした。

住みなれし花のみやこの初雪をことしは見むと思ふたのしさ。

東京に一〇〇年近く住んでも、天皇にとって京都は依然として「住みなれし花のみやこ」だった。だからこそ同じ初雪でも、まったく違ってみえた。

天皇は生涯で九万三〇三二首もの御製を詠んだ。和歌は天皇にとって雑記であり、日記であった。巧拙は別として、そこには天皇の率直な感情があらわれている。天皇の裏表を知るには、これも活用しない手はない。

「親ら艱苦を嘗めずして争でか下情に通ずるを得べき」

（明治一一・一八七八年）

このように、天皇の言葉は文語体と京都弁で表裏にくっきり分かれていた。ただ、やがて統合の兆しもあらわれた。天皇も成長するなかで、政治への理解を深め、人物眼を磨き、君主として発言するようになってきたからである。

地方巡幸は、その大きなきっかけだった。若き天皇は、新政府の存在を知らしめることも兼ねて、積極的に地方を見て回った。なかでも、一八七二年から一八八五年までに行なわれた六回の地方巡幸は、六大巡幸として名高い。

当時の交通事情や宿泊環境は、現在とくらべものにならないほど劣悪だった。天皇といえども、昼は馬車や輿でひたすら蒸し暑さに耐え、夜は簡素な宿で大量の蚊と戦わなければならなかった。

ただ、天皇はそれに不平を述べず、むしろ意欲的に視察に臨み、民衆との接触から多くのことを学んだ。政治的な発言の数々はその証拠だった。

一八七八年九月一四日、北陸・東海道巡幸で新潟県を訪れたおりのこと。この日も朝から晩までハードスケジュールで、天皇の体力も消耗が予想された。そこで侍従が心配して、定刻よりも早く就寝することを勧めた。しかるに天皇はこういって聞き入れなかった。

巡幸は専《もっぱ》ら下民の疾苦を視るにあり。親ら艱苦《かんく》を嘗《な》めずして争《いか》でか下情に通ずるを得べき。毫《ごう》も厭ふ所なし。

あえて関西風に意訳すれば、「難儀な生活をみるためにこれ（巡幸）やってんやろ。わしも辛い思いせんかったら、下々のこともわからんやん。全然構わんで」とでもなるだろうか。筆者が大阪出身なので、高雅な京都弁でなくて申し訳ないが――。この言葉は、明らかに天皇としての自覚のあらわれだった。

同じような発言は、その少し前にも確認できる。

先述の「住みなれし花のみやこの初雪を」の御製を詠んだ一八七七年の京都滞在中に、天皇は脚気にかかった。東京に戻ってから回復したものの、再発が危惧された。脚気はビタミンB1の欠乏症だが、当時はその原因がわかっていなかった。そこで侍医から転地療法の勧めがあり、岩倉具視が天皇にその旨を伝えた。一八七八年四月二三日のことだった。

これにたいし天皇は、つぎのように応じた。

転地療法可なるべし。然れども脚気病は全国人民の疾患にして、朕一人の病にあらず。土地を移すの事、朕之れを能くすべし。然れども全国の民 悉《ことごと》く地を転ずべからず。故に全国民のため別に予防の方法を講ぜんことを欲す。

「転地療法もええけど、脚気はみんな苦しんどる病気やろ。わしだけ特別扱いせんといてくれ」。天皇はそう述べた上で、西洋医学だけではなく漢方や和方医学も用いて、脚気の原因や治療法を探るべきだと指摘した。

多少の美化もあろうが、二〇代なかばの天皇は、地方巡幸などを通じて、君主としてふさわしい振る舞いを身に付けつつあった。

「道徳の学は孔子を主として」

（明治一二・一八七九年）


地方巡幸は、ほかにも天皇に政治的発言のきっかけを与えた。

同じく一八七八年の北陸・東海道巡幸のおり、天皇はいくつかの学校を視察し、大きな疑問を抱いた。農家や商家の子弟が実学を学ばず、空理空論をもてあそび、酷いものになると、外国語は流暢でもそれを日本語に訳せなかった。これでは社会に出てもとうてい役に立たないだろう。天皇の目にはそう映った。

日本では開国以来、洋学が重んじられ、啓蒙主義が流行した。福沢諭吉が『学問のすゝめ』で「一身独立して一国独立す」といったように、独立した個人を養うことが、独立した国家を作る第一歩だと考えられたのである。そのため、一八七二年に頒布された近代日本はじめての教育法令「学制」でも個人主義や実利主義の色彩が濃く、江戸時代までの儒教的な道徳は軽んじられた。

だが、ほんとうにそれでよいのか。天皇は東京に戻ってくるや、側近たちに学校教育の問題点を指摘し、その改善を望んだ。一八七九年四月一六日には、右大臣の岩倉具視と侍補の佐々木高行にたいし、儒学でも、国学でも、洋学でもない、バランスのよい教育を求めた。

教育の事たる実に専要にして、漢学者にても可ならず、勤王家にても然るべからず。福沢諭吉・加藤弘之等の如き洋学者亦注意せざるべからず。

福沢諭吉と加藤弘之が名指しされていて驚かされる。加藤は東京大学の初代綜理で、のちに考えを改めるが、当時は代表的な啓蒙主義者だった。

ここからもわかるとおり、天皇は過度の西洋崇拝を嫌った。同年五月七日には、岩倉具視に、西洋崇拝者は流行りの稲荷に殺到する「愚夫・愚婦」と変わらないと辛辣な意見を述べた。

晩近《ばんきん》の世情を察するに、徒らに洋風に馳せて独立自尊の念なし。例へば、洋人論語を

良き書なりと唱ふれば直に取りて之れを読み、又悪しき書なりと謂へば直に之れを捨つ。恰《あたか》も愚夫・愚婦が争ひて流行の稲荷に参詣するが如し。

当時、政府では「学制」よりもさらに自由主義的な「教育令」が準備されつつあった。天皇はこれを聞き知ると、みずからの教育論を明らかにせんと決意。侍講の元田永孚《ながざね》にまとめさせ、同年八月ごろ、政府要人に内示した。「教学聖旨」がそれである。このような天皇の積極性は、これまでなかったことだった。

侍講の元田永孚。1871年より天皇の教育係を務め、「教学聖旨」を執筆し、「教育勅語」の起草にも参画した。

「教学聖旨」は、「教学大旨」と「小学条目二件」の二編からなる。後半の「小学条目二件」からみてみよう。ここでは、地方巡幸の体験をつぎのように振り返っている。

去秋各県の学校を巡覧し、親しく生徒の芸業を験するに、或は農商の子弟にして其説く所多くは高尚の空論のみ。甚きに至ては、善く洋語を言ふと雖ども、之を邦語に訳すること能はず。此輩他日業卒り家に帰るとも、再たび本業に就き難く、又高尚の空論にては官と為るも無用なる可し。加之《しかのみならず》其博聞に誇り長上を侮り、県官の妨害となるも少なからざるべし。是皆教学の其道を得ざるの弊害なり。故に農商には農商の学科を設け、高尚に馳せず、実地に基づき、他日学成る時は、其本業に帰りて、益々其業を盛大にするの教則あらん事を欲す。

【大意】

去年の秋各県の学校を巡覧してその生徒の芸業を調べたところ、農商の子弟でありながら説く事は多くの場合高尚な空論だけであって、はなはだしいものに至っては、洋語を語るのにそれを日本語に訳することさえできない有様であった。こういう者がやがて卒業して家に帰っても本業にはつきがたいし、また官途についても空論では益がない。それればかりでなく、博聞を誇って長上を侮ったりする事もあって、かえって害がある。それよりも農商には農商の学科を設けて、やがてはその道のためになるような教則ができることが望ましい（文部省『学制百年史』）。

個人が独立独歩で他人に頼らず、自由に道を切り開き、最終的に国家や社会に貢献する。そんなものは幻想で、かえって年長者を侮り、空理空論をもてあそぶ風潮を生んでいるだけではないか。農家や商家の子弟ならば、農業や商業にかんする実学を学ぶべきだ。天皇はここで啓蒙主義的な教育を鋭く批判している。

さらに天皇は踏み込んで、具体的な道徳観も示している。前半の「教学大旨」がそれにあたる。天皇はいう。明治維新のはじめに「五箇条の御誓文」で「旧来の陋習を破り」「智識を世界に求め」と述べたが、それは、伝統的な仁義忠孝を蔑ろにしてもいいという意味ではなかった。それなのに、最近では西洋崇拝の弊害があちこちでみられて嘆かわしい。

> 故に自今以往、祖宗の訓典に基づき、専ら仁義忠孝を明かにし、道徳の学は孔子を主として、人々誠実品行を尚とび、然る上各科の学は其才器に随て益々長進し、道徳才芸本末全備して、大中至正の教学天下に布満せしめば、我邦独立の精神に於て宇内に恥る事無かる可し。

【大意】

それゆえ今後は祖宗の訓典によって仁義忠孝の道を明らかにし、道徳の方面では孔子を範として人々はまず誠実品行を尚ぶよう心掛けなくてはならない。そうした上で各々の才器に従って各学科を究め、道徳と才芸という本と末とを共に備えるようにして、大中至正の教学を天下に広めるならば、わが国独自のものとして、世界に恥じることはないであろう(前掲書)。

教育にあたっては、道徳が本であり、才芸は末である。したがって、西洋の科学技術を学ぶ前に、孔子の学、つまり儒教の仁義忠孝を学ばなければならない。このような儒教の勧めは、天皇に帝王教育を行なった元田の影響が大きかった。

「教学聖旨」はただちに政府の教育政策に影響を与えたわけではなかった。ただ、その後自由民権運動が盛り上がると、従来の自由放任的な教育方針が見直され、代わりに道徳教育(修身)や国家主義が重視されるようになった。結果的に「教学聖旨」は、反動的な教育政策の狼煙《のろし》となったのである。

天皇はこうした動きに満足し、一八八二年二月、勅諭を発してその方針の堅持を求めるとともに、一二月には文部卿と各参議に道徳教科書『幼学綱要』を与えるなどした。教育にたいする天皇の関心たるや、まことに深いものがあった。

「大木喬任の巡幸供奉に於けるや恰も木偶に等し」

（明治一四・一八八一年）

政治的な意識にめざめた天皇は、臣下についてしばしば辛辣な評を漏らすようになった。一八八一年七月から一〇月までの東北・北海道巡幸のある日、天皇は浴殿で、そばに控えていた荻昌吉侍従と平尾錥蔵宮内省十等出仕にたいして、こう語った。やや長いが、その内容は興味深い。

黒田清隆は動《やや》もすれば大臣を強要して我が事を行はんとする傾あり。韓信・彭越《ほうえつ》の徒に比すべきか。西郷従道《つぐみち》は常に酒気を帯びて其の言ふ所要領を得難し。川村純義が往年来朝せし英吉利国下院議員リードに対する接遇は、朕の意に叶はざるものあり。又自己の言行はれざる時は病と称して出仕せざるは、黒田の恒《つね》にして、西郷・川村亦漫りに之れに倣《なら》ひて倶に朝せざるの状あり。是れ解し難き事なりとす。又井上馨は狡猾なり。大木喬任《たかとう》の巡幸供奉に於けるや恰も木偶《でく》に等し。

あまりに厳しい評価で驚かされる。明治新政府の首脳は、若い天皇をしばしば軽んじた。その不満がここににじみ出たのかもしれない。

黒田清隆はあかん。我ばっかり通して、(前漢の高祖に背いた)韓信や彭越みたいなやつや。西郷従道はいつも酔っぱらっとって、なにいっとるかようわからん。川村純義もやな、外国の使節にあんな接遇しとったらあかん。黒田ゆうたら、あいつは自分の意見が通らんと病気やゆうて働きにこんし、西郷や川村もこれを真似しとるところがある。理解不能や。井上馨はずる賢いやつや。大木喬任は巡幸に付き添っとるけど、木偶の坊でぜんぜん役に立たん――。これにたいし、唯一伊藤博文のみは信任が厚かったという。

荻と平尾のふたりは、帰京後の一〇月、宮内省御用掛で元老院副議長となっていた佐々木高行に天皇の言葉を密かに伝えた。そして佐々木がこのことを日記につけていたため、今日に伝わっている。

天皇は佐々木を信用していたようで、直接会って人物評を漏らすこともあった。たとえば、後年のこととなるが、品川弥二郎については、

品川は正直なれども、狭量にして忍耐なく、会議中にも憤慨して涕泣するなど、事理を弁ぜざることあり。

と述べているし、また信任が厚いとされた伊藤博文についても、

伊藤は事に倦み易し。将来のことは保し難し。

とその飽きっぽい性格を難じている。

天皇に「木偶」と評された大木喬任。佐賀藩出身。民部卿、司法卿、文部卿、文相、枢密院議長などを歴任した。

天皇は若い時分より一流の人物に囲まれ、揉まれ、時代の荒波を生き抜いてきた。苦労の反面、寸鉄人を刺すがごとき鋭い批評眼は、誰よりも早く養われたのだろう。同じことは、のちにみる昭和天皇にもあてはまる。ふたりとも表立って述べることはなかったものの、親しい側近にはこのような月旦評をしばしば語っていたのである。

「世論に惑はず政治に拘らず」

(明治一五・一八八二年)

しばらく明治天皇の内発的な言葉をたどってきたが、「五箇条の御誓文」のように臣下が起草したものも依然として多かった。そのなかで重きをなすのは、「軍人勅諭」と「教育勅語」である。このふたつは天皇の言葉として独り歩きし、現在にいたるまでにさまざまな影響を及ぼしている。

まずは、「軍人勅諭」からみていこう。

一八七八年八月、給与の削減や西南戦争の論功行賞などを不服として、近衛砲兵大隊の兵卒二〇〇名余が反乱を起こした。いわゆる竹橋事件である。その背後には、高まりつつあった自由民権運動の影響もあったといわれる。反乱はただちに鎮圧されたが、天皇を守護する近衛兵の反抗は、政府に大きな衝撃を与えた。

もともと規律の緩みは、できて間もない日本陸軍の悩みの種だった。そこで事件直後の一〇月、山県有朋陸軍卿の名前で「軍人訓誡」が頒布され、軍人の政治的な発言や行動が固く戒められた。

長州閥の総帥、山県有朋。内務卿、陸軍卿、首相、内相、司法相、枢密院議長、参謀総長などを歴任して、権勢を振るった。

ところが、その後も軍人の政治的な言動は収まらなかった。一八八一年には、鳥尾小弥太、谷干城《たてき》、三浦梧楼、曽我祐準《すけのり》の四将軍が北海道開拓使官有物払下げを非難する上奏を行なうなど（四将上奏事件）、高級軍人さえ「軍人訓誡」をしっかりと守らなかった。

危機感を覚えた山県は、天皇の権威を利用して、あらためて軍人にたいする訓戒を出すことにした。「陸海軍人に賜はりたる勅諭」（軍人勅諭）がそれだった。起草には、西周《あまね》、井上毅《こわし》、福地源一郎などが関わり、最後に山県も修正を加えた。完成した「軍人勅諭」は、一八八二年一月四日、宮中で天皇から大山巌陸軍卿に直接下賜された（川村純義海軍卿は不在だったため、大山が海軍の分も代理で受け取った）。

「軍人勅諭」は、漢字とひらがなの和文体で書かれた。読みやすく、わかりやすくすることで、広く軍人に読んでもらおうとしたのである。戦前・戦中の詔勅は基本的に漢字とカタカナの漢文訓読体だったので（本書ではカタカナはひらがなに直している）、これは顕著な特徴だった。

最初にその前半部分を引く。大意も添えたが、かなり長いのであとで要旨をまとめた。無理に全部を読む必要はない。文体がいかに変則的だったのかだけわかってもらえば十分だ。なお、読みやすいように段落分けも行なった。

我国の軍隊は、世々天皇の統率し給ふ所にぞある。昔神武天皇躬《み》づから大伴物部の兵《つはもの》どもを率ゐ、中国《なかつくに》のまつろはぬものどもを討ち平げ給ひ、高御座《たかみくら》に即かせられて、天下《あめのした》しろしめし給ひしより、二千五百有余年を経ぬ。此間世の様の移り換るに随ひて、兵制の沿革も亦屢《しば〴〵》なりき。

古は天皇躬づから軍隊を率ゐ給ふ御制《おんおきて》にて、時ありては皇后皇太子の代らせ給ふこともありつれど、大凡兵権を臣下に委ね給ふことはなかりき。中世《なかつよ》に至りて、文武の制度皆唐国風《からくにぶり》に傚《なら》はせ給ひ、六衛府を置き、左右馬寮を建て、防人など設けられしかば、兵制は整ひたれとも、打続ける昇平に狃《な》れて、朝廷の政務も漸《やうやく》文弱に流れければ、兵農おのづから二に分れ、古の徴兵はいつとなく壮兵の姿に変り、遂に武士となり、兵馬の権は、一向《ひたすら》に其武士どもの棟梁たる者に帰し、世の乱と共に政治の大権も亦其手に落ち、凡七百年の間武家の政治とはなりぬ。

世の様の移り換りて断なれるは、人力《ひとのちから》もて挽回《ひきかへ》すべきにあらずとはいひながら、且は我国体に戻《もと》り、且は我祖宗の御制に背き奉り、浅間しき次第なりき。

降りて弘化嘉永の頃より、徳川の幕府其政《まつりごと》衰へ、剰《あまつさへ》外国の事ども起りて、其侮をも受けぬべき勢に迫りければ、朕が皇祖《おほぢのみこと》仁孝天皇、皇考《ちゝのみこと》孝明天皇、いたく宸襟《しんきん》を悩し給ひしこそ、忝くも又惶《かしこ》けれ。

然るに、朕幼《いとけな》くして天津《あまつ》日《ひ》嗣《つぎ》を受けし初、征夷大将軍其政権を返上し、大名小名其版籍を奉還し、年を経ずして海内一統の世となり、古の制度に復しぬ。是文武の忠臣良弼《りやうひつ》ありて、朕を輔翼せる功績《いさを》なり。歴世祖宗の専蒼生を憐み給ひし御遺沢なりといへども、併《しかしながら》我臣民の其心に順逆の理を弁へ、大義の重きを知れるが故にこそあれ。されば此時に於て、兵制を更め我国の光を耀さんと思ひ、此十五年か程に、陸海軍の制をば、今の様に建定めぬ。

夫《それ》兵馬の大権は朕が統ぶる所なれば、其司々《つかさぐ》をこそ臣下には任すなれ、其大綱は朕親《みづから》之を攬り、肯《あへ》て臣下に委ぬべきものにあらず。子々孫々に至るまで篤く斯旨を伝へ、天子は文武の大権を掌握するの義を存して、再中世以降の如き失体なからんことを望むなり。朕は汝等軍人の大元帥なるぞ。されば朕は汝等を股肱と頼み、汝等は朕を頭首と仰ぎてぞ、其親は特に深かるべき。

朕が国家を保護して、上天の恵に応じ祖宗の恩に報いまゐらする事を得るも得ざるも、汝等軍人が其職を尽すと尽さゞるとに由るぞかし。我国の稜威《みいづ》振はざることあらば、汝等能く朕と其憂を共にせよ。我武維《これ》揚りて其栄を耀さば、朕汝等と其誉を偕《とも》にすべし。汝等皆其職を守り、朕と一心《ひとつこゝろ》になりて力を国家の保護に尽さば、我国の蒼生は永く太平の福《さいはひ》を受け、我国の威烈は大に世界の光華ともなりぬべし。朕斯も深く汝等軍人に望むなれば、猶訓諭《をしへさと》すべき事こそあれ。いでや之を左に述べむ。

【大意】

わが国の軍隊は、世々天皇がご統率なされるところのものである。昔、神武天皇がご自身で大伴や物部の兵隊をひきい、大和の地方にいた天皇の大命に従わない者どもを討ち平げたまい、ご即位あそばされて、天下をお治めなされてから、二五〇〇有余年を経た。そのあいだには、世の中のありさまがだんだん変わって行くにつれて、軍隊の制度も度々改められた。

昔は天皇がおんみずから軍隊をひきいたまうお定めであり、ときとして皇后や皇太子がお代わりなされたこともあったけれど、かりそめにも、軍隊の統帥権を臣下にお任せになったことはなかった。しかるに、中世になってから、文武の制度を支那［中国］風にならわせられて、六衛府や左右馬寮などの役所をおき、防人などを設けられて、軍の制度は、ととのったが、ひさしくつづいた泰平になれて、朝廷の政務もだんだん文弱になり、兵士と農民とがふたつに分かれ、昔の徴兵は、いつの間にか、志願兵のような形に変わり、それがとうとう武士となり、軍隊を率いる権は、まったくその武士どものかしらが握ってしまい、戦乱の世の中となるにつれて、政治の大権までも、それらのものの手に落ち、おおよそ七〇〇年のあいだ、武家の政治となった。

世の中のようすがだんだん変わって、こうなったのは、人間の力でもとのとおりにもどせないことであるとはいいながら、ひとつにはわが国体［国柄］に反し、ひとつにはわがご祖先の方々の定めおかれたおんおきてに背きたてまつるものであり、まことに嘆かわしいことのなりゆきである。

のちにいたって、弘化嘉永のころから、徳川幕府の政治が衰えた上に、外国とのあいだにいろいろな事件が起こってきて、いまにも国のはずかしめを受けそうな形勢が迫ったので、皇祖［天皇の祖父］仁孝天皇と皇考［天皇の父］孝明天皇が大そう大御心をお悩ましなされたことは、もったいなくまたおそれ多いことである。

ところが、朕が幼少の身をもって、皇位をうけついだはじめに、征夷大将軍がその政権をかえし、国々の諸侯もみなその土地や人民をかえしたので、幾年もたたないなかに、国中がひとつに治まる世の中となり、昔のとおりの制度にかえった。これは、文武の忠良な臣下があって、朕を輔けたてがらである。ご歴代のご先祖がもっともよく臣民をあわれみたもうたご恩恵によるものとはいえ、またわが臣民がその心に、どれが正しく、どれが不正であるかという道理をよく心得、臣節の重いことを知っていたからである。ゆえに、この際、まず兵制を改めて、わが国の威光を輝かそうと思い、この一五年のあいだに、陸海軍の制度をいまのように定めた。

それ［そもそも］軍隊を編制統率する大権は、朕が統轄するところであって、それぞれの職務だけを臣下に任せるけれど、根本となる大切なことは、朕が自身にこれをとり、けっして臣下に任せるべきものではない。孫子の末にいたるまで、よくこのわけをいい伝え、政治軍事の大権が天皇のみ手にあることを知らせ、二度と中世以後のような見苦しい失敗をしないように望む。朕は汝ら軍人の大元帥であるぞ。だから、朕はお前たちを手足と信頼し、汝らは朕を頭首と仰ぎ、その親しみはとくに深まるだろう。

朕がこの国をよくまもりとおして、天にまします神々のおん恵にこたえ、ご先祖のご恩にむくいまいらせることができるのもできないのも、汝ら軍人がそれぞれの職務をつくすとつくさないことによる。わが国の稜威［威光］が振るわないことがあったら、汝らはよく朕と一しょに心配せよ。わが国の武威が盛んになって、世界に輝くようになったら、朕は汝らと一しょにそれを名誉とするであろう。汝らがみなその職務にせいを出し、朕と心をあわせて、国家を保護することに力をつくしたら、わが国民は、いつまでも太平の世に幸福な日をおくることができて、わが国の威光は、世界の美しい光となるにちがいない。朕は、このように深く汝らに望みをかけているから、もっと訓えさとしておかなければならぬことがある。それでは、これをつぎに述べることにしよう（三浦藤作謹解『歴代詔勅全集』。かなづかいを改め、漢字を開くなどした。同書の引用は以下同じ。なお、傍線部は訳出されていなかったため補った）。

要旨はつぎのとおり。日本の軍隊は天皇が統率するものである。中世に軍隊の指揮権が武士に移ってしまったが、明治維新によって本来のあり方にようやく戻った。二度と同じ過ちを繰り返してはならない。天皇はお前たち軍人の大元帥であるぞ。お前たち軍人は朕と一体となって、国を守り、日本の国威を輝かさなければならない。日本が栄えるのも滅びるのも、お前たち軍人の行動いかんに懸かっている。

「軍人勅諭」の最終目的は、軍人の政治関与を止めることだった。そのため、天皇の名のもとに「日本軍は天皇の軍隊」だと宣言され、「頭首」である天皇と「股肱」（手足）である軍人の一体感がしつこいくらいに強調された。まるで軍人に懇願するかのような内容は、いかに当時の軍隊が手に負えなかったかのあらわれでもあった。

つづいて後半部分をみてみたい。ここでは、軍人の守るべき徳目として忠節・礼儀・武勇・信義・質素の五ヶ条をあげ、その厳守を求めている。

一、軍人は忠節を尽すを本分とすべし。凡生を我国に稟《う》くるもの、誰かは国に報ゆるの心なかるべき。況して軍人たらん者は、此心の固からでは物の用に立ち得べしとも思はれず。軍人にして報国の心堅固ならざるは、如何程技芸に熟し学術に長ずるも、猶偶人にひとしかるべし。其隊伍も整ひ節制も正くとも、忠節を存せざる軍隊は、事に臨みて烏合の衆に同かるべし。抑国家を保護し国権を維持するは兵力に在れば、兵力の消長は是国運の盛衰なることを弁へ、世論に惑はず政治に拘らず、只々一途に己が本分の忠節を守り、義は山嶽よりも重く、死は鴻毛《こうもう》よりも軽しと覚悟せよ。其操を破りて不覚を取り、汚名を受くるなかれ。

一、軍人は礼儀を正くすべし。凡軍人には、上元帥より下一卒に至るまで、其間に官職の階級ありて統属するのみならず、同列同級とても停年に新旧あれば、新任の者は旧任のものに服従すべきものぞ。下級のものは上官の命を承ること、実は直に朕が命を承る義なりと心得よ。［中略］

一、軍人は武勇を尚ぶべし。［中略］
一、軍人は信義を重んずべし。［中略］
一、軍人は質素を旨とすべし。［中略］
右の五ヶ条は、軍人たらんもの暫も忽《ゆるかせ》にすべからず。さて之を行はんには、一の誠心こそ大切なれ。抑此五ヶ条は我軍人の精神にして、一の誠心は又五ヶ条の精神なり。心誠ならざれば、如何なる嘉言も善行も、皆うはべの装飾にて、何の用にかは立つべき。心だに誠あれば、何事も成るものぞかし。況してや此五ヶ条は、天地の公道人倫の常経なり。行ひ易く守り易し。汝等軍人能く朕が訓に遵ひて、此道を守り行ひ、国に報ゆるの務を尽さば、日本国の蒼生挙りて之を悦びなん。朕一人の懌のみならんや。

【大意】

一、軍人は、忠節をつくすことを本分としなければならない。すべてわが国に生まれたもので、だれか国に報いる心のないものがあろうか。とくに軍人たろうとするものは、この心が固くなければ、なんの役にも立たない。軍人にして報国の心が固くなかったら、どれほど技芸がよくでき、学問がすぐれていても、ちょうど魂のない人形にひとしいであろう。その隊伍がととのい、規律が正しくても、忠節の心のない軍隊は、ことある場合に、烏の集まりと同じであろう。そもそも国家を保護し、国権を維持するのは、軍隊の力にあるから、軍隊の力の盛んになると衰えるとにより、国運が盛んになり衰えることをよく心得、世間のひとのいうことに迷わず、政治のことに関係せず、ただ一途に忠節の本分を守り、大義は大山よりも重く、死は鴻毛［鳥の毛］よりも軽しと覚悟せよ。不節操なことをして、思わぬ失敗をなし、恥をさらし、不名誉な名を受けてはならない。

一、軍人は、礼儀を正しくしなければならない。およそ軍人には、上元帥より下一卒に至るまで、そのあいだに官職の等級があって、上は下を監督し、下は上に従属しているばかりでなく、同列同級のものでも、その官等にある年月に新旧の差別があるから、新任のものは、旧任のものに従わなければならない。下級のものが上官の命を受けるのは、じつは直々に朕が命を承ることであると心得よ。［中略］

一、軍人は、武勇を尚ばなければならない。［中略］

一、軍人は、信義を重んじなければならない。［中略］

一、軍人は、もっぱら質素にしなければならない。［中略］

右の五ヶ条は、軍人たるものが少しのあいだもおろそかにしてはならない。そこで、これを行なおうとするには、ひとつの誠心が大切である。そもそもこの五ヶ条は、わが軍人の精神であって、ひとつの誠心は、また五ヶ条の精神である。心が誠でなかったら、どんなよい言葉も行ないも、みなうわべの飾りで、なんの用にも立たない。心さえ誠であれば、なにごともできるものである。まして、この五ヶ条は、天地自然の理法にかなった正しい道であり、すべての人間がつねに踏み行なわなければならない道理である。行ないやすく守りやすい。汝ら軍人が、よく朕が訓えにしたがって、この道を守り行ない、国に報いるつとめをつくしたならば、日本国中の民は、みな残らずこれを悦ぶであろう。朕ひとりの悦びのみではない（前掲書）。

忠節の条目に、肝心の内容が書かれている。「世論に惑はず政治に拘らず」（世間のひとのいうことに迷わず、政治のことに関係せず）。これは、山県が直接書き加えたとされる。この箇所の重要性を物語ってあまりある。

もっとも、昭和戦前期の歴史を振り返ってもわかるとおり、また現在でも世界中で政軍関係がたびたび問題になっていることからもわかるとおり、軍人の政治関与を止めることは容易でなかった。

「軍人勅諭」はむしろ、下級の軍人に絶対服従を要求する根拠となった。「義は山嶽よりも重く、死は鴻毛よりも軽しと覚悟せよ」「下級のものは上官の命を承ること、実は直に朕が命を承る義なりと心得よ」。これらの箇所が盛んに引用され、命令は絶対であり、一兵士の生命は鳥の毛よりも軽いとされたのである。

一般の法令ならば、時代に応じて柔軟に作り替えることもできたかもしれない。だが、天皇の権威に頼ったことがあだになった。綸言汗の如しという。天皇の言葉は、一度出せばなかなか取り消せない。「軍人勅諭」は神聖不可侵なものとされ、一般社会でも暗記が強要されるようになった。そのため、その排除と失効確認は、アジア太平洋戦争敗戦後の一九四八年六月、衆参両院の決議を待たなければならなかった。

「爾臣民、父母に孝に、兄弟に友に……」

（明治二三・一八九〇年）

つぎに「軍人勅諭」に並び立つ「教育勅語」（「教育に関する勅語」）をみてみたい。

一八八九年二月、「大日本帝国憲法」が発布され、翌年には帝国議会が開かれることになった。自由民権運動はひとつの佳境を迎えつつあった。これにたいし、府県の知事たちが憂慮を示し、道徳教育の確立を榎本武揚文相に訴えた。地方の治安を預かる官吏たちは、「真の日本人たるに恥ざる者」「大和魂なるもの」を養成し「我国体を基とし徳育を発達させれば、政治運動の過激化を防げると考えたのである。

首相になっていた山県有朋（内相兼任）は、これにすばやく反応し、腹心の芳川顕正を文相に据えて、徳育にかんする「箴言」の起草を行なわせた。どうやら山県は「軍人勅諭」の一般国民バージョンを考えていたらしい。

「箴言」は、はじめ女子高等師範学校校長の中村正直によって起草された。だが、啓蒙主

能吏、井上毅。「大日本帝国憲法」「教育勅語」を起草、のちに文相も務めた。

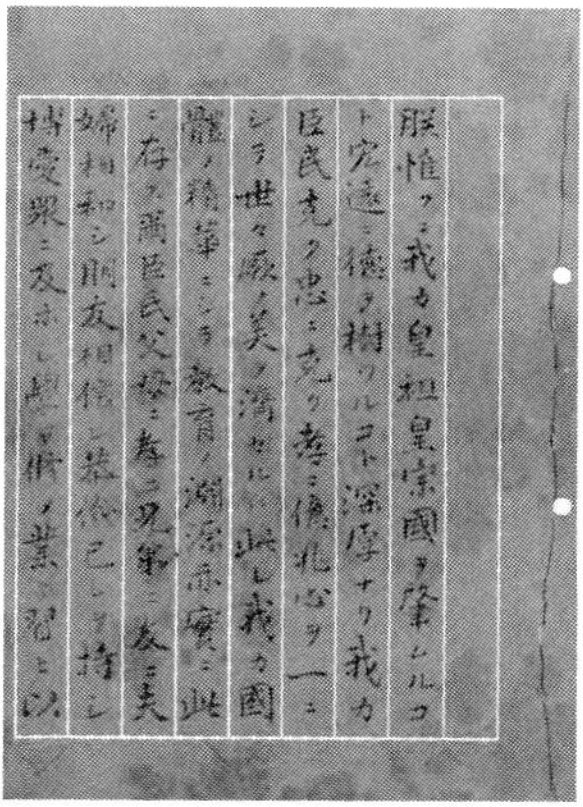

朕惟フニ我カ皇祖皇宗國ヲ肇ムルコ
ト宏遠ニ徳ヲ樹ツルコト深厚ナリ我カ
臣民克ク忠ニ克ク孝ニ億兆心ヲ一ニ
シテ世々厥ノ美ヲ濟セルハ此レ我カ國
體ノ精華ニシテ教育ノ淵源亦實ニ此
ニ存ス爾臣民父母ニ孝ニ兄弟ニ友ニ夫
婦相和シ朋友相信シ恭儉己レヲ持シ
博愛衆ニ及ホシ學術ノ業ヲ習ヒ以

2014年に発見された、「教育勅語」の原本（国立公文書館デジタルアーカイブ）。関東大震災で被災して変色している。

義者の中村は「自治独立の良民」の育成に重きを置く草案を提出したため、採用されなかった。

その代わりに白羽の矢がたったのが、法制局長官の井上毅だった。能吏の誉れ高い井上は、啓蒙主義にも儒教主義にもよらず、草案を書き上げた。「大日本帝国憲法」の起草者のひとりらしく、立憲主義の建前への配慮も怠らなかった。立憲主義では、君主は臣民の良心の自由に干渉しない。だから、この勅語は「政事上の命令」や「一種の軍令」ではなく、「社会上の君主の著作公告」でなければならないとしたのである。まさに絶妙なバランス感覚だった。

天皇は、かつて「教学聖旨」を出すなど

教育に思い入れがあった。そのため「教育勅語」についても仮稿を熟読し、

此の稿首尾の文不可なしと雖も、其の中間徳目の条項を掲ぐる処猶《なほ》足らざるを覚ゆ。

と述べ、侍講の元田永孚にその修正を命じた。そこで元田は井上の推敲にさらに協力することになった。

こうして、完成した「教育勅語」は一八九〇年一〇月三〇日、宮中において山県首相と芳川文相に与えられた。有名なその内容はつぎのとおりだった。

朕惟《おも》ふに、我が皇祖皇宗、国を肇《はじ》むること宏遠に、徳を樹つること深厚なり。我が臣民、克《よ》く忠に、克く孝に、億兆心を一にして世々厥《そ》の美を済《な》せるは、此れ我が国体の精華にして、教育の淵源亦実に此に存す。爾臣《なんぢ》民、父母に孝に、兄弟に友に、夫婦相和し、朋友相信じ、恭倹己れを持し、博愛衆に及ぼし、学を修め業を習ひ、以て智能を啓発し、徳器を成就し、進で公益を広め世務を開き、常に国憲を重じ国法に遵ひ、一旦緩急あれば義勇公に奉じ、以て天壌無窮の皇運を扶翼すべし。是の如きは、独り

朕が忠良の臣民たるのみならず、又以て爾祖先の遺風を顕彰するに足らん。斯の道は実に我が皇祖皇宗の遺訓にして、子孫臣民の倶に遵守すべき所、之を古今に通じて謬《あやま》らず、之を中外に施して悖《もと》らず。朕、爾臣民と倶に拳々服膺《けんけんふくよう》して、咸《みな》其徳を一にせんことを庶幾《こひねが》ふ。

井上は、瑣事に拘らない「真成なる王言の体」をめざし、「教育勅語」の文言を刈り込んだ。そのためさまざまな解釈を生みやすく、政府の公式見解さえ揺れ動いた。民間では、アジア太平洋戦争の敗戦までに三〇〇種類以上もの解説書が刊行されたほどだった。

ただ「教育勅語」の柱は、天皇と臣民の上下関係である。この点は揺るがない。天皇の祖先は、国をはじめ、徳を建てた。臣民の祖先は、忠に勤しみ、孝に励んだ。これこそ日本の国柄の真髄であって、教育の根源もここにあるという。ここで君臣はしっかり切り分けられている。

これを前提として、天皇は臣民に守るべき徳目を示す。「爾臣民、父母に孝に」から「以て天壌無窮の皇運を扶翼すべし」までの部分がそうだ。しばしば「教育勅語」は狂信的な神国思想や軍国主義の権化と批判されるが、ひとつひとつの徳目をみるとそれほど大それた内容ではない。非常時の義勇奉公や、天皇国家の翼賛も、欽定憲法で兵役義務を含む「大日本帝国憲法」の下では、取り立てて騒ぐほどのものではなかった。そもそも当時の日本は極東の弱小国家だったのだから、「神国日本の民として世界を指導せよ」と絶叫するような、夜郎自大な空想をもてあそぶ余裕などなかった。

なお「教育勅語」には、もうひとつの柱があった。それは、臣民とその祖先の家族関係だった。臣民の祖先は、かつて天皇に忠誠を尽くした。だから、現在の臣民もこれらの徳目を守り、天皇に忠誠を尽くせば、祖先の道を踏み行ったことになり、孝行を果たすことにもなるだろう。臣民は、孤立した個人ではなく、共時的には忠で天皇と結びつけられ、通時的には孝で祖先と結びつけられていたわけだ。

そして最後に天皇は、これらの徳目が時間・空間を超えて普遍的だと宣言する。そして自分も守るから臣民も守ってほしいといって「教育勅語」を締めくくるのである。

つぎは、一九四〇年に文部省で作られた全文通釈である。これも完全とはいえないものの、ひとつの参考として掲げておく。

朕がおもふに、我が御祖先の方々が国をお肇めになつたことは極めて広遠であり、徳をお立てになつたことは極めて深く厚くあらせられ、又、我が臣民はよく忠にはげみ孝をつくし、国中のすべての者が皆心を一にして代々美風をつくりあげて来た。これは我が国柄の精髄であつて、教育の基づくところもまた実にこゝにある。汝臣民は、父母に孝行をつくし、兄弟姉妹仲よくし、夫婦互に睦び合ひ、朋友互に信義を以て交り、へりくだつて気随気儘の振舞をせず、人々に対して慈愛を及すやうにし、学問を修め業務を習つて知識才能を養ひ、善良有為の人物となり、進んで公共の利益を広め世のためになる仕事をおこし、常に皇室典範並びに憲法を始め諸々の法令を尊重遵守し、万一危急の大事が起つたならば、大義に基づいて勇気をふるひ一身を捧げて皇室国家の為につくせ。かくして神勅のまに〳〵天地と共に窮りなき宝祚《あまつひつぎ》の御栄をたすけ奉れ。かやうにすることは、たゞに朕に対して忠良な臣民であるばかりでなく、それがとりもなほさず、汝らの祖先ののこした美風をはつきりあらはすことになる。

こゝに示した道は、実に我が御祖先のおのこしになつた御訓であつて、皇祖皇宗の子孫たる者及び臣民たる者が共々にしたがひ守るべきところである。この道は古今を貫ぬいて永久に間違がなく、又我が国はもとより外国でとり用ひても正しい道である。朕は汝臣民と一緒にこの道を大切に守つて、皆この道を体得実践することを切に望む。

「教育勅語」は、さまざまな思惑が錯綜するなかで、きわめて短期間に作成された。そのため、日本が大国になるにつれて不足する部分が目立つようになった。国際交流や産業振興、植民地の臣民に向けた内容などがそうだった。そのため後年には、改訂の動きも起こった。

ところが、「教育勅語」もまた発布されるやいなや、天皇の言葉として独り歩きをはじめた。早くも翌一八九一年、小学生は、紀元節や天長節などの祝祭日に学校に呼び出され、校長が捧読する「教育勅語」を平身低頭して聴かなければならなくなった。そのため、改訂の動きは「不敬」だとしてすべて挫折を強いられた。その神聖不可侵が解除されるのは、やはり一九四八年の排除と失効確認を待たなければならなかった。

補論・愛国コスプレとしての「教育勅語」

「教育勅語」は、戦後も再評価の動きが絶えない。近年では、二〇一七年に、稲田朋美防衛相が「全てが間違っているわけではない」と発言し、二〇一八年に、柴山昌彦文科相が「普遍性をもっている部分が見て取れる」と発言し、それぞれ物議を醸した。そこで、少し補足しておきたい。興味がなければ、本節は飛ばしてもらって構わない。

稲田は「日本が道義国家を目指すべきである」ことを「教育勅語」の核であると述べ、柴山は「教育勅語」の「同胞を大切にする」部分や「国際的な協調を重んじる」部分が「いまも使える」と述べた。これらの発言が奇しくも示しているように、戦後の「教育勅語」肯定論は「教育勅語」の内容をかならずしも踏まえていない。

この傾向はいまにはじまったことではなく、一九七〇年代より顕著にみられた。肯定論者たちは「『教育勅語』はこんなに普遍的ですばらしい」というのにもかかわらず、いずれもその柱となる部分を見落としているのである。

まず、第一次池田勇人内閣の官房副長官などを務めた佐々木盛雄が、一九七二年に発表した「口語文訳」をみてみよう。ここでは、天皇と臣民の上下関係が徹底的に曖昧にされている。すなわち「朕」は「私」、「臣民」は「国民」とされ、「皇祖皇宗」は「私達の祖先」、「爾祖先の遺風」は「私達の祖先が、今日まで身をもって示し残された伝統的美風」、「皇祖皇宗の遺訓」は「祖先の教訓」などとすり替えられている。

また「一旦緩急あれば義勇公に奉じ、以て天壌無窮の皇運を扶翼すべし」の部分も、「非常事態の発生の場合は、身命を捧げて、国の平和と安全に奉仕しなければなりません」などと置き換えられている。これでは肝心要の天皇の存在を無にしているといわれても仕方がない。戦前であれば、不敬だと批判されかねない改変である。

つぎに、明治神宮社務所が一九七三年に発行した『大御心』に掲載されている「一二徳」をみてみよう。これは、「教育勅語」の徳目を「孝行・友愛・夫婦の和・朋友の信・謙遜・博愛・修学習業・智能啓発・徳器成就・公益世務・遵法・義勇」に整理したものだが、やはり「口語文訳」と同じ欠陥を抱えている。つまり肝心な「以て天壌無窮の皇運を扶翼すべし」の部分が省かれ、天皇の存在が霞んでしまっているのだ。

このような問題があるにもかかわらず、「口語文訳」も「一二徳」も、明治神宮のウェブサイトに現在も掲げられている。祭神の明治天皇がこれをみたら、「お前、何を言って居るのや」とつっこみを入れるかもしれない。

なぜ「教育勅語」の原文はここまで蔑ろにされているのだろうか。それは、「教育勅語」が保守派の便利な記号になっているからにほかならない。中身はよくわからないが、とりあえず「教育勅語」を肯定しておく。そのことが、戦後民主主義の否定＝反左翼＝保守派であることの信仰告白になっているのである。近年は保守派の勢いが強く、手っ取り早く保守を名乗りたいものが増えているだけに、その傾向にますます拍車がかかっている。

二〇一七年に話題となった森友学園の愛国教育は、その最たるものだった。同学園では、幼稚園児に「教育勅語」を暗唱させていた。だが、すでにみたように、戦前の小学校では「教育勅語」は校長が恭しく読み上げるものだった。森友学園の戦前風の教育はフェイクなのであって、じつは愛国コスプレだった。「教育勅語」はそのための衣装にほかならなかった。同学園のウェブサイトに、かつて「口語文訳」と「一二徳」が掲載されていたこともそのことを傍証している。

したがって愛国コスプレとしての「教育勅語」は、「教育勅語」の歴史とも原文とも関係なく、これからも保守の記号として流通し続けるだろう。「普遍的な部分もある」「全否定できない」という決まり文句とともに――。だが、われわれは「教育勅語」の柱が天皇と臣民の上下関係であり、それゆえに現行憲法と適合しないと覚えておけば足りる。あとは保守派の信仰告白だと受け流せばよい。

「其名に対しても酒位飲めぬことはない。是非飲め」

(明治二二・一八八九年)

明治時代に話を戻そう。少し前後するが、一八八九年一一月に第三皇子の嘉仁親王が立太子した。のちの大正天皇である。明治天皇は側室とのあいだに一五人の子女をなしたが、そのうち成人に達したのは五人だけであり、男子は嘉仁親王ただひとりだった。そのため、天皇はこの立太子を大いに喜んだ。奥で催された内宴でも、盃が進まないはずがなかった。

天皇はたいへんな酒好きだったが、かなり面倒な酔い方をするタイプでもあった。このときも、そばに控えていた日野西資博侍従にたいし、

お前は幼名を勇麿と云った。其名に対しても酒位飲めぬことはない。是非飲め。

といって、それまで使っていた盃を渡し、みずから注いで日本酒を三杯ほど飲ませた。

完全な絡み酒だった。しかも天酌では断ることもできない。お前は「勇」や。酒ぐらい余裕やろ。どんどん行け。そんな天皇の言葉が聞こえてきそうだ。

天皇は酔っ払うと口元が歪み、話がもつれ、足元がおぼつかなくなった。こうなると侍従たちは、「今日は大変だ」「一寸始末に困る」と頭を抱えなければならなかった。この日もずいぶんとご機嫌だったので、皇后や女官たちまで心配そうだった。

日野西によれば、天皇は、日本酒、ワイン、シャンパン、ベルモット、保命酒、霰酒《あられざけ》を好んだ。おもに飲むのは日本酒だったが、のち健康をおもんぱかり、ワインに切り替えた。反対にウィスキーやブランデーはほとんど飲まなかった。どうやら一〇～二〇度ぐらいの酒が好きだったらしい。

なお、ベルモットは白ワインに薬草類を浸して作ったリキュール、保命酒と霰酒はそれぞれ広島と奈良の名産品で、後者は侍従が地方出張のたびに買い求めたという。

なかでも天皇はシャンパンが大好物だった。一晩で二本近く飲み、酩酊し転倒することもあった。天皇はどんな酒でも「注いで差上げれば、それこそ何杯でも召上る」上戸だったが、シャンパンのばあいとくによく飲むので、侍従はあまりシャンパンを出したがらなかった。

ただし天皇は、臣下がさきに泥酔したばあいは警戒して酒量を控えた。立太子を祝う別の宴では、黒田清隆が泥酔して、元幕臣の榎本武揚をみて「陛下、此席に賊が居ります」などといい、その後も「賊が居る、賊が居る」と盛んにいったために危うく喧嘩沙汰になりかけた。こういうとき、天皇は飲むペースを抑えた。

酒には肴が欠かせない。天皇の夕食には、かならず鶏酒が出された。聞き慣れない料理だが、これは、塩を振って軽く炙った鶏肉を茶碗に入れて、熱燗の日本酒を注ぎ入れ、お吸い物のようにしたものであるらしい。鶏肉の代わりに鴨肉や雉肉を使うこともあり、そのばあいは鴨酒、雉酒と呼ばれた。

日本酒を控えた天皇にとって、鶏酒は日本酒を楽しめる数少ない手段だった。ただ、周囲は健康を考えて、だんだんと鶏肉の量を増やし、そのぶん日本酒の量を減らすようにした。

またさきにも述べたとおり、天皇は京都方面から取り寄せたものを好んだ。小鯛、鰈、嫁菜、蒲公英、独活などがそれである。これ以外では、鳥類では鶉《うずら》、野菜ではアスパラガス、魚類では鮎、鯉、鱧《はも》を好み、また鮎、鱒、鮭の「魚の子」も茶碗一杯分をいっぺんに食べた。これは稚魚か魚卵のたぐいと思われる。また土器焼きの卵も好物だった（反対に、刺身は絶対に食べず、酢の物、漬物、果物の大部分もほとんど食べなかった）。

アスパラガスについては、こんな話が残っている。天皇はそのうち一本だけ食べて、あとは絨毯の上に投げ捨てた。すると米田虎雄侍従が「是は〳〵」といってホコリまみれのものを貰い受けた。天皇はその様子を面白そうに眺めていた。天子の楽しみはよくわからない。

天皇は左党の例に漏れず、塩辛いものが好きだった。そのいっぽうで、甘いものにも目がない二刀流で、菓子をよく食べ、コーヒーにも大量の砂糖を入れた。じっさいはやらなかったようだが、

牡丹餅で酒を飲むやうな者でなければ、本当の酒飲みではない。

というような発言さえあった。「〜でなければ、本当の酒飲みではない」。いかにも酒飲みがいいそうなことだ。このような不摂生な食生活を改めなかったため、天皇は後年糖尿病に苦しまなければならなかった（以上、『「明治天皇紀」談話記録集成』）。

かかる楽しい宴の日々も、しかし、永遠には続かなかった。近代日本に、試練のときが

やってきた。日清・日露の両戦争である。君主として十分に成長した天皇は、これにどう向かい、どのような言葉を残したのか。辛く厳しい「大帝」への道のりがはじまろうとしていた。

第二章　明治天皇②

隠された「大帝」の本音

「朕応に行くべし」

（明治二四・一八九一年）

危機は突然やってきた。一八九一年五月一一日、日本訪問中のロシア皇太子ニコライが、滋賀県大津で警衛中の巡査・津田三蔵によって斬りつけられ、負傷したのである。世にいう大津事件だった。日本も近代化を進めていたとはいえ、ロシアは北方の大国。戦争になれば勝ち目はなかった。ロシアの報復を恐れ、日本の朝野は震撼した。

このとき明治天皇の行動は速かった。松方正義首相らと相談の上、一二日に早くも東京を発し、翌日京都で療養中のニコライを見舞った。そしてロシア軍艦で治療したいとの希望を受けるや、その日のうちに神戸にまで同行した。一九日、ニコライは予定を繰り上げて帰国することになったが、天皇は、餞別のための食事会を御用邸で開きたいとさえ持ちかけた。まさに至れり尽くせりの対応だった。

ニコライはこれに対案で応えた。すなわち、ロシア軍艦で天皇を饗応したいといってきたのである。京都で対応にあたっていた伊藤博文宮中顧問官らは驚いた。ロシア軍艦が天皇を拘束して出港したらどうするのか。一八八二年の壬午軍乱で、朝鮮の大院君が清に拉致された記憶も新しかった。折悪しく神戸に日本の軍艦は二隻しかおらず、明らかに劣勢だった。かといって、ロシア側の提案をむげにもできなかった。

困り果てた伊藤らは、天皇の判断を仰いだ。そのときの答えがこれだった。

朕応《まさ》に行くべし。露国は先進文明国なり。豈敢《あに》へて爾等の憂慮するが如き蛮行を為さんや。

ロシアは先進文明国だからそんな野蛮なことはするまい。ロシア軍艦まで行こうじゃないか。打てば響く、天皇の決断だった。シリアスな場面なので、関西風の意訳はもうやめておこう。

同一九日、天皇はロシア軍艦「アゾヴァ」におもむいて、饗応を受けた。政府関係者が心配するような事態にはいたらず、歓談は大いに盛り上がったという。ロシア側はこの対応を喜んで、あえて報復措置を取らなかった。

よく知られるように、大津事件は司法権の独立を示すものとなった。松方首相はロシアの意向を受けて、大逆罪を適用して津田を死刑にするよう司法部に申し入れた。しかるに、児島惟謙大審院長は法理にあわないとして、一審終審の裁判で、謀殺未遂罪を適用して津田に無期懲役の判決を下した。

ただ、この事件では天皇の勇断と胆力も無視できない。引っ込み思案の君主では、外国の軍艦に乗り込んで適切な振る舞いなどできなかっただろう。一種の王族外交が、日本の窮地を救ったのである。当時、三八歳。壮年の天皇は、いよいよ「大帝」への道を歩みつつあった。

「今回の戦争は朕素より不本意なり」

(明治二七・一八九四年)

日露の突発的な衝突は避けられたものの、平和のときは長くなかった。一八九四年、朝鮮で大規模な内乱（東学党の乱）が発生した。これを受けて日清両国が朝鮮に出兵。お互い兵を退かない睨み合いとなった。日本はついに、かねて朝鮮の支配をめぐり激しく駆け引きしていた清にたいして開戦を決意した。七月末、日清戦争のはじまりだった。

天皇の言葉としてはまず、八月一日に発布された「清国に対する宣戦の詔勅」をみなければならない。これは、伊藤博文首相の指示で、伊東巳代治内閣書記官長と井上毅文相によって起草された。両者は「大日本帝国憲法」の起草者であり、伊藤の信任も厚かった。前章で触れたとおり、井上は「教育勅語」の起草者でもあった。

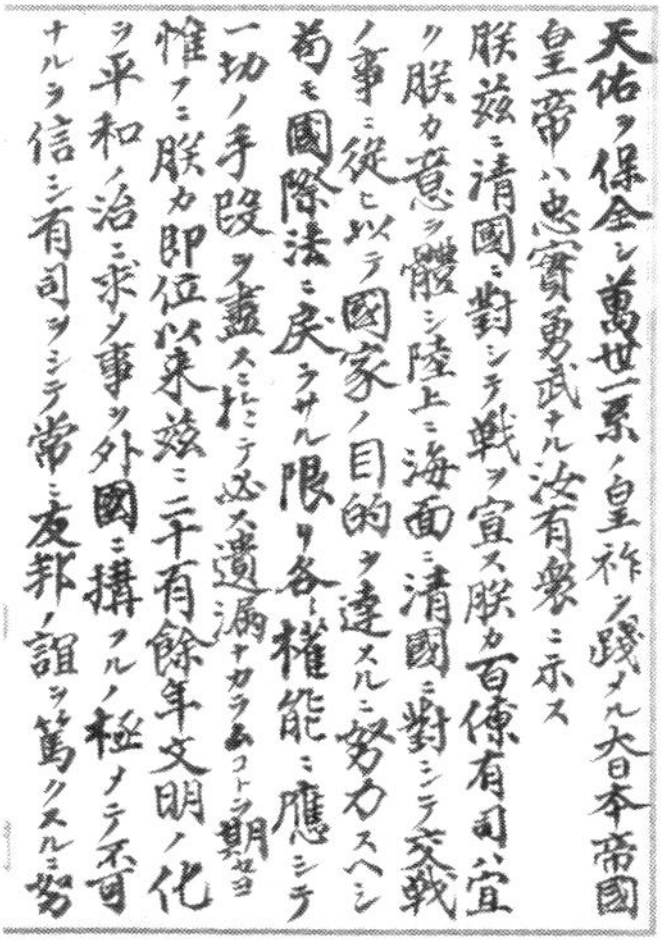
天佑ヲ保全シ萬世一系ノ皇祚ヲ踐メル大日本帝國
皇帝ハ忠實勇武ナル汝有衆ニ示ス
朕茲ニ清國ニ對シテ戰ヲ宣ス朕カ百僚有司ハ宜
ク朕カ意ヲ體シ陸上ニ海面ニ清國ニ對シテ交戰
ノ事ニ從ヒ以テ國家ノ目的ヲ達スルニ努力スヘシ
苟モ國際法ニ戻ラサル限リ各〻權能ニ應シテ
一切ノ手段ヲ盡スニ於テ必ス遺漏ナカラムコトヲ期セヨ
惟フニ朕カ即位以來茲ニ二十有餘年文明ノ化
ヲ平和ノ治ニ求メ事ヲ外國ニ搆フルノ極メテ不可
ナルヲ信シ有司ヲシテ常ニ友邦ノ誼ヲ篤クスルニ努

「清国に対する宣戦の詔勅」署名原本（国立公文書館デジタルアーカイブ）。

天佑を保全し、万世一系の皇祚を践《ふ》める大日本帝国皇帝は、忠実勇武なる汝有衆に示す。

朕、茲《ここ》に清国に対して戦を宣す。朕が百僚有司は宜く朕が意を体し、陸上に海面に清国に対して交戦の事に従ひ、以て国家の目的を達するに努力すべし。苟《いやしく》も国際法に戻らざる限り、各〻権能に応じて一切の手段を尽すに於て、必ず遺漏なからむことを期せよ。

惟ふに、朕が即位以来茲に二十有余年、文明の化を平和の治に求め、事を外国に構ふるの極めて不可なるを信じ、有司をして常に友邦の誼を篤くするに努力せしめ、幸に列国の交際は年を逐ふて親密を加ふ。何ぞ料らむ、清国の朝鮮事件に於ける、我に対して着着鄰交に戻り、信義を失するの挙に出でむとは。

朝鮮は帝国が其の始に啓誘して、列国の伍伴に就かしめたる独立の一国たり。而して清国は、毎《つね》に自ら朝鮮を以て属邦と称し、陰に陽に其の内政に干渉し、其の内乱あるに於て、口を属邦の拯難《しようなん》に籍き、兵を朝鮮に出したり。朕は、明治十五年の条約に依り、兵を出して変に備へしめ、更に朝鮮をして禍乱を永遠に免れ、治安を将来に保たしめ、以て東洋全局の平和を維持せむと欲し、先づ清国に告ぐるに、協同事に従はむことを以てしたるに、清国は翻て種々の辞柄を設け之を拒みたり。帝国は是に於て朝鮮に勧むるに、其の秕政《ひせい》を釐革《りかく》し、内は治安の基を堅くし、外は独立国の権義を全くせむことを以てしたるに、朝鮮は既に之を肯諾したるも、清国は終始陰に居て百方其の目的を妨碍し、剰へ辞を左右に托し、時機を緩にし、以て其の水陸の兵備を整へ、一旦成るを告ぐるや、直に其の力を以て其の欲望を達せむとし、更に大兵を韓土に派し、我艦を韓海に要撃し、殆ど亡状を極めたり。則ち清国の計図たる、明に朝鮮国治安の責をして帰する所あらざらしめ、帝国が率先して之を諸独立国の列に伍さしめたる朝鮮の地位は、之を表示するの条約と共に之を蒙晦に付し、以て帝国の権利利益を損傷し、以て東洋の平和をして永く担保なからしむるに存するや疑ふべからず。熟々《つらつら》其の為す所に就て、深く其の謀計の存する所を揣るに、実に始めより平和を犠牲として、其の非望を遂げむとするものと謂はざるべからず。事既に茲に至る。朕、平和と相終始して、以て帝国の光栄を中外に宣揚するに専なりと雖、亦公に戦を宣せざるを得ざるなり。汝有衆の忠実勇武に倚頼し、速に平和を永遠に克復し、以て帝国の光栄を全くせむことを期す。

【大意】

天つ神のお助けをこの身に蒙り、万世一系の天皇の御位に即いている大日本帝国皇帝は、忠実勇武な汝ら多くの国民に告げる。

朕は、ここに清国にたいして戦を宣言する。朕がすべての官公吏は、よく朕が思いどおりに、陸上においても、海面においても、清国と戦って、そうして、国家の目的を達することに努めなければならない。かりそめにも、国際公法にそむかない限り、それぞれの権能に応じて、すべてのよい方法をとり、けっして手落ちのないように心がけよ。

考えてみるに、朕が即位してから、いままで二〇年あまり、国を平和に治めて文化を進めようとし、外国とことを起こすのはまことによくないと思い、当局のものにいつも交わる国々との親しみを一そうあつくすることに力をつくさせたので、幸いに諸外国との交際は、一年ごとにだんだん親密になってきた。ところが、思いがけないことがあった。清国が、朝鮮事件において、わが国にたいし、つぎつぎに隣国交際の道にそむき、信義を失うような行ないをしようとは。

朝鮮は、わが帝国がはじめに啓発し誘導して、諸外国の仲間入りをさせた独立の一国である。ところが、清国は、いつもみずから朝鮮を属国と称し、裏面からも表面からも、国内の政治にかれこれと手出しをし、内乱があれば、これを救助するということを口実として、朝鮮に兵を出した。そこで、朕は、明治一五年の条約によって、兵を出して何事か起こったばあいの用意をさせ、その上で、朝鮮が永遠に禍乱から免れて、将来までもよく治まるようにし、そうして、東洋全体の平和を維持しようと思い、まず清国に協同して何事もしようということを告げたのに、清国は、かえっていろいろのいいぐさをつくってこれを拒んだ。わが帝国は、ここにおいて、朝鮮に向かって、その悪しき政治を改め、内に治安の基を固め、外に独立国の権義［権利と義務］を完全にするようにすすめると、朝鮮は、すでにこれを承諾したのに、清国は、絶えず陰にいて、種々様々の方法で、その目的を妨げるばかりでなく、ああいえばこういい、こういえばああいって、時日を延ばし、そのあいだに陸海軍の兵備を整え、一たびそれができあがると、直にその力をもって欲望を遂げようとし、さらに大兵を朝鮮の地に送り、わが軍艦を朝鮮の海に待ちうけて攻撃し、無礼の振る舞いを極めた。この清国の計画は、明らかに朝鮮国の治安がまったく保てないようにして、わが帝国がさきに立って、これを多くの独立国のなかに加えた朝鮮の地位を、これを表示した条約とともに、闇に葬り、そうして、わが帝国の権利利益を損傷し、その上に、東洋平和を永く保証しにくいようにするにあることに疑いない。よくよく清国の行動について、深くそのはかりごとのあるところを推して考えるに、じつにはじめから平和を犠牲にして、不正な望みを遂げようとするものといわなければならない。ことはすでにここにいたった。朕は、はじめからおわりまで平和を保って、そうしてわが帝国の光栄を世界に広め高めようと、もっぱらつとめているが、また公然と戦争を宣言せざるをえない。汝ら多くの国民の忠実勇武をたのみとして、早く永遠の平和を取りかえし、そうして、帝国の光栄を全うすることを望んでいる（『歴代詔勅全集』）。

のちの宣戦詔勅は、これを雛形とする。その意味で、深く玩味するに足る。

最初の一文で「大日本帝国皇帝」となっているのは誤植ではない。この箇所は以前より安定せず、「日本国天皇」「大日本帝国天皇」「日本皇帝」「日本国皇帝」「大日本国大皇帝」などと変遷していた。対外的な文書では、正式な国号と天皇号にこだわりがなかった。これらが「大日本帝国」と「天皇」に統一されるのは、昭和年間の一九三五、三六年を待たなければならない。

内容面をみると、日本の大義名分は、朝鮮の独立と東洋の平和だった。日本はこれらを望んでいたのに、清が朝鮮を属国とみなし、みだりに兵を動かして東洋の平和を乱そうとしている。そこで、やむをえず宣戦布告にいたった（「公に戦を宣せざるを得ざるなり」）。日本から戦端を開いたにもかかわらず、あくまで相手が悪いという受け身のスタンスだった。

じっさい、天皇は戦争を望んでいなかった。立憲君主として裁可はしたものの、心にわだかまりは残った。

その本心を示す言葉が残っている。同月一一日、土方久元宮内相が、伊勢神宮や先帝陵に開戦の報告を行なう勅使の人選を諮った。すると天皇はこう返した。

其の儀に及ばず。今回の戦争は朕素《もと》より不本意なり。閣臣等戦争の已むべからざるを奏するに依り、之れを許したるのみ。之れを神宮及び先帝陵に奉告するは朕甚だ苦しむ。

土方久元宮内相。天皇崩御ののち、臨時帝室編修局総裁に就任して『明治天皇紀』の編纂に尽力した。

土方はあわてて諫言した。「曩《さき》に既に宣戦の詔勅を裁可あらせらる。然るに今に於て斯かる御沙汰をあらせらるゝは、或は過まりたまふことなきか」と。天皇はこの言葉に激怒した。

再び謂ふなかれ。朕複た汝を見るを欲せず。

お前の顔などみたくないといわれた土方は、恐懼して退出せざるをえなかった。天皇は翌日勅使の人選を許すものの、戦争への疑念はすぐには晴れなかった。

なお『明治天皇紀』の編纂に携わった深谷博治によれば、天皇は、

このたびの戦争は朕の戦争にあらずして、大臣の戦争なり。

ともいったという（洞富雄『天皇不親政の伝統』）。「朕の戦争」と「大臣の戦争」の対比が鮮やかだが、回想なのでやや確度に欠ける。『明治天皇紀』は戦前に編纂されたため、このような言葉の扱いに難儀したようだ。

「凱歌は四方に響きけり」

（明治二七・一八九四年）

いずれにせよ、天皇の本音は隠されなければならなかった。「軍人勅諭」にあるように、天皇は陸海軍の大元帥だった。ひとたび開戦すれば、日本軍の最高司令官として振る舞わざるをえなかった。九月、戦場に近い広島に大本営が置かれると、天皇もまた同地に進んだ。

日清戦争は、日本軍の連戦連勝だった。国民は望外の戦勝に歓喜して、軍歌の冊子を競って買い求めた。戦況を詳しく描写した軍歌は、当時まるで新聞の号外のように大量消費されていたのである。

天皇もまた広島で執務の合間に筆を執った。七月の成歓の戦いを詠んだ「成歓駅」、九月の平壌の戦いを詠んだ「平壌の大捷」、そして同月の黄海海戦を詠んだ「黄海の大捷」（黄海海戦の歌）の三篇が、御製軍歌として知られている。

「成歓駅」と「平壌の大捷」は、「喇叭《らっぱ》の響」の譜を借用して歌われた。天皇はこの流行の軍歌を好み、大本営附の近衛師団軍楽隊にたびたび演奏を所望した。

このうち「成歓駅」をつぎに掲げる。

頃は水無月初めより　京城内なるわが兵は
水原県をめざしつゝ　朝日に輝く日の旗を
押立出る雄々しさは　敵の有無を探らむと
斥候兵をいだしつゝ　暗さは暗き闇の夜に
安城渡をおしわたり　成歓駅の砲塁に
かたく守れる敵兵を　たゞ一斉にうち破り
我勇猛のつはものは　彼我の屍を踏越えて
勇み勇みて進み行く　此処は牙山の本営と
進めや進めわが軍の　鋭くうち出す砲撃に
守れる敵も乱れつゝ　苦もなく砲塁乗取て
三たび凱歌を唱へけり　三たび凱歌を唱へけり

これにたいして「黄海の大捷」は、同じく大本営附の呉海兵団軍楽隊楽長・田中穂積によって作曲された。天皇は、軍楽隊員に歌わせながらなんども推敲し、ときに剣の柄に手を置いて拍子を取ることもあった。

頃は菊月半ば過ぎ　我が帝国の艦隊は
大同江を艦出《ふなで》して　敵の所在《ありか》を探りつゝ
目指す所は大孤山　波を蹴立て丶行く道に
海羊島のほとりにて　彼の北洋の艦隊を
見るより早く開戦し　或は沈め又は焼き
我が砲撃に彼の艦は　あとしら波と消え失せぬ
忠勇義烈の戦に　敵の気勢を打挫ぎ
わが日の旗を黄海の　浪路に高く輝かし
功績《いさを》をなして勇ましく　各艦ともに揚競ふ
凱歌は四方に響きけり　凱歌は四方に響きけり

七五調の文体や最後に二度繰り返すところは、既存の軍歌や琵琶を参考にしたのだと思われる。その内容は、市井のものに劣らぬ出来栄えだった。漢語は勇ましいが、多すぎれば硬くなる。和語は優しいが、多すぎれば軟弱になる。さすがに作歌に慣れた天皇は、両者をうまく組み合わせている。

そのかたわらで、広島での暮らしは苦労をきわめた。天皇の御座所は第五師団司令部に設けられたが、たいへん粗末で狭かった。側近が安楽椅子や暖炉の使用を勧めても、天皇は、

戦地に斯くの如きものや有る。

といって断り、御座所の増築を勧めても、

朕の不便の故を以て増築を図るは朕の志にあらず。出征将卒の労苦を思はば不便何かあらん。

と応じて、倹約にこれ努めた。驚くべきことに、夜には側近の鼾や歯ぎしりで眠れないときさえあった。天皇はかくも苛酷な環境で、早朝から深夜まで執務に励んだ。

当然ながら、お世話する側の苦労もひとかたではなかった。人数が少ないので、みなで分担してことにあたった。日野西資博侍従も、慣れない手付きで天皇の軍服の継ぎ当てを行なった。天皇が見かねて、

かうすればよいのや。

とやり方を教えることもあった。新しい軍服に替えなかったのは、もちろん天皇の意向だった。天皇は、ふだん女官にやらせている爪切りも自分でやった。ただ、これはさすがに応えたようで、後年こう漏らしている。

時々自分で爪を切らんならんのには困つた。

このような天皇の質素倹約は、美談として部分的に伝えられ、国民の士気高揚に大きく貢献した（『「明治天皇紀」談話記録集成』）。

こうした甲斐あって、日清戦争は一八九五年四月、日本の勝利に終わった。多額の賠償金と、台湾や澎湖諸島などの新領土を得て、日本の国威は大いに上った。そしてその中心には、間違いなく大元帥たる天皇の姿があった。やるからにはやる。「大臣の戦争」はついに「朕の戦争」になったのである。

「低気圧もよいナー」

（明治三〇・一八九七年）

ここから一九〇四年の日露戦争まで、しばしの平和が訪れる。その間の一八九七年一月、嫡母の英照皇太后が亡くなった。同年四月、天皇はその陵を参拝するため京都に向かった。

すでに述べたように、天皇は京都に強い愛着をもっていた。里帰りとなれば、その感慨もひとしおだった。このときもなかなか東京に帰ろうとせず、側近たちを困らせた。
それでもいよいよ帰還かとなったとき、あいにくの暴風で鉄道が故障してしまった。すると天皇は嬉しさを隠さず、

低気圧か。低気圧もよいナー。

といって笑った。
その後、鉄道は復旧したが、こんどは東京で麻疹が流行った。帰京はふたたび先延ばしになった。やがて麻疹の流行が収まったとの報告があったものの、

まだ残ってる筈ぢや。もっと調べて見よ。

と天皇はなおも粘った。仕方なく侍従が調べてみると、東京市内にまだふたりの患者がいるという。天皇はその報告を受けるや、

それ見よ。まだ残ってるではないか。

とまたもや予定を先延ばしにしたのだった（『「明治天皇紀」談話記録集成』）。結局、この年の京都滞在は八月にまで及んだ。現在では考えにくいが、天皇はたびたび京都に長期滞在していた。このような人間臭さも、天皇の一側面として見落としてはならないだろう。

「速かに辞せしむべし」

（明治三一・一八九八年）

一八九八年六月、第一次大隈重信内閣が成立した。板垣退助を内相に擁する、いわゆる隈板《わいはん》内閣だった。記念すべき、日本初の政党内閣でもあった。天皇は、その瓦解に少しばかり関与している。

隈板内閣は、山県有朋やその官僚勢力に敵視された。議会無視を決め込む超然主義者たちにとって、政党政治ほど目障りなものはなかった。かれらは虎視眈々とその失態や失言を狙った。

その折も折の八月、尾崎行雄文相が帝国教育会の茶話会で、アメリカの共和制に言及した。のちに公開された速記録にはこうある。

「日本に於ては共和政治を行ふ気遣はない。例へ千万年を経るも共和政治を行ふと云ふことはないが、説明の便利の為に、日本に仮に共和政治ありと云ふ夢を見たと仮定せられよ。恐らく三井三菱は大統領の候補者になるであらう」

天皇の不評を買った尾崎行雄。1890年第1回総選挙で当選し、1952年まで連続25回当選の偉業を成し遂げた。

これを読む限り、財閥の政治壟断《ろうだん》や金権政治を危惧する内容にすぎない。にもかかわらず、山県に近い『東京日日新聞』や『京華日報』がここぞとばかりに噛み付いた。尾崎が天皇制廃止と、共和制導入を主張したというのだ。速記録の公開もどこ吹く風、「不臣」「乱臣」「不敬」などと攻撃の手を緩めなかった。

これだけであれば、倒閣にまではいたらなかっただろう。世論も尾崎に同情的だった。しかし、ここで与党・憲政党内の派閥対立が影響した。憲政党は大隈の進歩党と板垣の自由党が合同した政党だが、この両派の関係はかならずしもよくなかった。そのため、旧自由党系は文相のポストを得ようとして、旧進歩党系の尾崎を辞めさせようと考えたのである。こうして問題は大きくなった。

一〇月二一日、板垣は天皇に謁見して尾崎を弾劾した。天皇も国論の沸騰を憂慮して、翌日、侍従職幹事の岩倉具定を通じて大隈にこう伝えた。

行雄共和云々の演説を為し、世論の囂々を来す。将来如何なる難事を惹起するや測り難し。此の如き大臣は信任し難し。速かに辞せしむべし。

なんと天皇は、尾崎の早期罷免を求めたのである。大隈は岩倉を通じて弁解したが、その意向は変わらなかった。

今回のことは文部大臣に限りたることとなり。他の大臣に関係なし。汝之れを伝へて一同を諭し、而して後行雄をして辞表を提出せしむべし。

この言葉をみてもわかるように、天皇は倒閣までは望んでいなかった。だが、尾崎の辞任で旧進歩党系と旧自由党系の対立が激しくなり、憲政党は分裂。第一次大隈内閣も同月末に総辞職してしまった。

天皇の発言は、たしかに板垣の弾劾を受けてのものだった。ただ、天皇はたんなるお飾りではなく、ときに政治的な発言も辞さなかった。その証拠として、この言葉は記憶に値する。われわれは似たような事例を、昭和初期にも目撃するだろう。

「新聞は嘘を書くからいかぬ」

（明治三三・一九〇〇年ごろ）

天皇は、新聞の読者だった。精読こそしなかったものの、日清戦争のころまで手に取って見出しに目を通していた。一八七八年以前の御製に、新聞を評価したものが残っている。

をちこちにありしことごと残りなくかき集めても見するふみかな。

新聞はあちこちの情報を残りなく集めてみせてくれる。そこには、なんて便利なものだとの思いが読み取れる。ところが、一九〇五年にはそれがつぎのように変化した。

みな人のみるにひぶみに世の中のあとなしごとは書かずもあらなむ。

新聞はみんな読むのだから、根拠のないことを書かないで欲しいものだ。新聞への評価が、一転して下がっていることがわかる。この時期、天皇はまったく新聞を読まなくなっていた（『新輯　明治天皇御集』）。

このあいだに一体なにがあったのか。一九〇〇年ごろ、天皇の体重が二十何貫あるとの記事が『中央新聞』に出た。二五貫は、約九四キロ。当時としては大柄だった天皇も、これには異を唱えた。日野西侍従にたいして、どうも新聞は嘘を書くからいかぬ。本当の事なら宜いけれども、どうも嘘を書くからいかぬ。それでわしは新聞を見ぬ。

と不満を述べて、それ以降新聞を手に取らなくなった。柳原愛子も、似たような証言を残している。天皇は新聞を読んでいたが、やはりあるとき、

新聞はよしあしや。

といって、手に取らなくなった（『「明治天皇紀」談話記録集成』）。こちらは前後関係がわからないものの、新聞不信の一端が体重報道にあったことは間違いない。失礼や、わしはそんな太っとらん。そんな発言もあったのだろうか。鷹揚に構えてみえる天皇も、意外と細かいところがあった。

「今回の戦は朕が志にあらず」

（明治三七・一九〇四年）

しかし、このようなつかの間の平和はつぎの戦いへの足音をともなった。

新たに日本の前に立ち塞がったのはロシアだった。ロシアは、三国干渉によって日本が獲得したばかりの遼東半島を清に返還させたのみならず、返す刀で、その南部を清から租借して堅固な要塞を築き、一九〇〇年の義和団事件後は、満洲に不法に兵をおいて朝鮮半島への南下を狙った。日本はこれに対抗するに、必死の軍備拡張ならびにイギリスとの同盟をもってした。

それでも日露の両政府はかならずしも衝突を望まなかった。新興日本に勝利の確信なく、大国ロシアもまた戦費に余裕がなかった。だが、疑心暗鬼を生じ、一九〇四年二月八日、日本の攻撃によって戦端は開かれた。日露戦争の勃発だった。

平和はふたたび失われた。天皇は、このたびの戦争にもやはり反対だった。先立つ同月

四日、天皇は御前会議で開戦を裁可したものの、奥に下がるやいなや、

今回の戦は朕が志にあらず。然れども事既に茲に至る。之れを如何ともすべからざるなり。

事万一蹉《さ》跌《てつ》を生ぜば、朕何を以てか祖宗に謝し、臣民に対するを得ん。

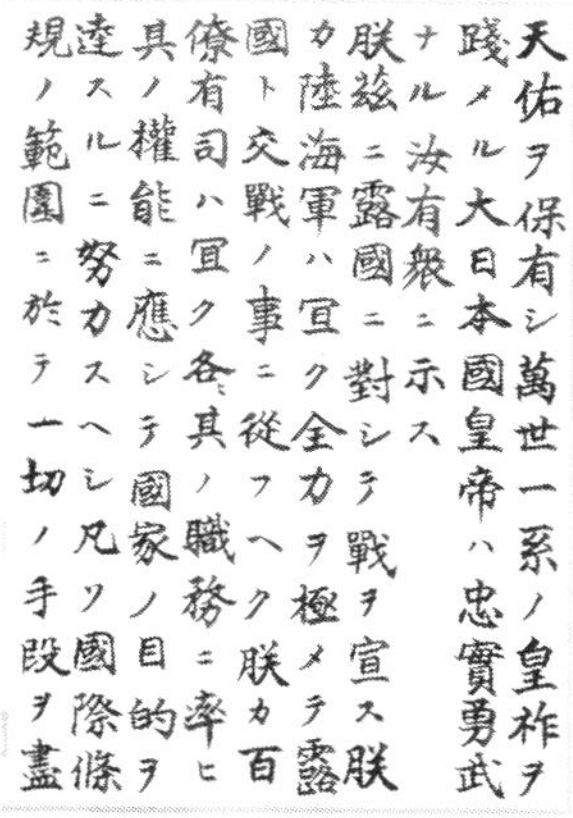
天佑ヲ保有シ萬世一系ノ皇祚ヲ踐メル大日本國皇帝ハ忠實勇武ナル汝有衆ニ示ス
朕茲ニ露國ニ對シテ戰ヲ宣ス朕カ陸海軍ハ宜ク全力ヲ極メテ露國ト交戰ノ事ニ從フヘク朕カ百僚有司ハ宜ク各〻其ノ職務ニ率ヒ其ノ權能ニ應シテ國家ノ目的ヲ達スルニ努力スヘシ凡ソ國際條規ノ範圍ニ於テ一切ノ手段ヲ盡

「露国に対する宣戦の詔勅」署名原本（国立公文書館デジタルアーカイブ）。

と独り言《ご》ち、涙をさめざめと流した。

天皇はかつて、大津事件に臨んで一挙上洛してニコライを見舞わなければならなかった。そのニコライは、いまやロシアの皇帝として君臨していた。軍備を大幅に拡張したとはいえ、ロシアは依然として恐るべき強国だった。

同月一〇日に発せられた「露国に対する宣戦の詔勅」には、このような天皇の気持

ちが見え隠れしている。日本は平和を愛好し、ロシアとの外交交渉に努めてきた。それなのに、ロシアが非協力的で不幸にも戦争のやむなきにいたった。なんと不幸なことか。どうしてこれが朕の本意であろうか。


天佑を保有し、万世一系の皇祚を践める大日本国皇帝は、忠実勇武なる汝有衆に示す。

朕茲に露国に対して戦を宣す。朕が陸海軍は宜く全力を極めて露国と交戦の事に従ふべく、朕が百僚有司は宜く各〻其の職務に率ひ、其の権能に応じて国家の目的を達するに努力すべし。凡そ国際条規の範囲に於て、一切の手段を尽し、遺算なからむことを期せよ。

惟ふに、文明を平和に求め、列国と友誼を篤くして、以て東洋の治安を永遠に維持し、各国の権利利益を損傷せずして、永く帝国の安全を将来に保障すべき事態を確立するは、朕夙に以て国交の要義と為し、旦暮敢て違はざらむことを期す。朕が有司も、亦能く朕が意を体して事に従ひ、列国との関係、年を逐ふて益〻親厚に赴くを見る。今不幸にして露国と釁端《きんたん》を開くに至る。豈朕が志ならむや。

帝国の重を韓国の保全に置くや、一日の故に非ず。是れ両国累世の関係に因るのみならず、韓国の存亡は、実に帝国安危の繫る所たればなり。然るに露国は、其の清国との明約及列国に対する累次の宣言に拘はらず、依然満洲に占拠し、益々其の地歩を鞏固にして、終に之を併呑せむとす。若し満洲にして露国の領有に帰せん乎、韓国の保全は支持するに由なく、極東の平和亦素より望むべからず。故に朕は此の機に際し、切に妥協に由て時局を解決し、以て平和を恒久に維持せむことを期し、有司をして露国に提議し、半歳の久しきに亙りて、屢次折衝を重ねしめたるも、露国は一も交譲の精神を以て之を迎へず、曠日弥久、徒に時局の解決を遷延せしめて、陽に平和を唱道し、陰に海陸の軍備を増大し、以て我を屈従せしめむとす。凡そ露国が始より平和を好愛するの誠意なるもの、毫も認むるに由なし。露国は既に帝国の提議を容れず。韓国の安全は方に危急に瀕し、帝国の国利は、将に侵迫せられむとす。事既に玆に至る。帝国が平和の交渉に依り求めむとしたる将来の保障は、今日之を旗鼓の間に求むるの外なし。朕は汝有衆の忠実勇武なるに倚頼し、速に平和を永遠に克復し、以て帝国の光栄を保全せむことを期す。

【大意】

天つ神のおたすけを得て、万世一系の天皇の御位に即いている大日本国皇帝は、忠義の心が深くして勇ましく強い汝ら多くの国民に知らせる。

朕は、ここに、露国にたいして戦争するということをいいわたす。朕が陸軍と海軍は、よろしく力のある限りを出して、露国と戦うことにかかり、朕が多くの官吏や係のものは、よろしくそれぞれの職務にしたがい、権能に応じて、国家の目的を成し遂げるように力をつくさなければならない。すべて国と国とのあいだに定められてあるおきての範囲において、一切のよい方法をとり、手落ちのないようにせよ。

思うに、平和のあいだに世の中が開けて進んでいくようにして、多くの国々と友邦のよしみを篤くし、そうして、東洋の治安を永遠に保ち、各国の権利や利益を損し傷つけず、いつまでも帝国の安全をこれからのちに保障することのできる事態を確立するのは、朕が早くから、国と国とのあいだの交わりのもっとも大切なこととして、あえてけくれけっして違えないようにしていた。朕がそれぞれの係の諸官もまたよく朕が思うところを心得て、そのことを行ない、多くの国々との関係は、一年ごとにだんだんと親しみ深くなっていった。いま、不幸にして、露国と戦争をはじめるようになった。

どうして、これが朕の志であろうか。

帝国が韓国の安全を保つことに重きを置いているのは、昨日や今日にはじまったものでない。これは、両国代々の関係によるのみでなく、韓国の存亡に、じつに帝国の安危がかかっているからである。しかるに、露国は、その清国との約束や、多くの国々にたいする度々の宣言にもかかわらず、依然として満洲を占拠し、だんだんその地歩を固めて、ついにこれをひとつに併せてしまおうとした。もし満洲が露国の領土となってしまったら、韓国の安全は、これを保つことができず、極東の平和もまたもとよりこれを望むことができない。ゆえに、朕は、このときにあたって、どうかして話しあって折り合いをつけ、時局を解決し、いつまでも変わらない平和を保つようにしたいと望み、係のものにいいつけて、露国に相談をかけ、半年の久しいあいだ、度々談判をさせたが、露国は、少しも譲り合うという心でこれをとりあわず、ただ空しく日を過ごして、いたずらに時局の解決を長引かせ、うわべに平和を唱え、かげで海陸の軍備を増大して、わが国を屈従せしめようとした。大体、露国がはじめから平和を好み愛する誠意というものを、少しも認めることができない。露国は、すでに帝国の申し入れた話をとりあげない。韓国の安全は、まことに危うくなった。帝国の国利は、まさに侵されようとしている。ことは、もはやここに至った。帝国が平和の交渉によって求めえようとした将来の保障は、今日、これを戦争によって求めるより外に道がない。朕は、汝ら多くの国民の忠義の心深く勇ましく強いことをたのみとして、早く平和を永遠にとりかえし、そうして、帝国の光栄を保全しようと決心している

（『歴代詔勅全集』）。

「韓国」とあるのは、朝鮮が一八九七年に大韓帝国（韓国）に改称したからである。韓国の存亡は、日本の安危を左右する。したがって日本は、韓国を脅かそうとするロシアを看過できない。宣戦詔勅のロジックは、こうなっている。日清戦争の宣戦詔勅と同じく朝鮮半島が問題となっているわけだが、注意すべきは、日露戦争のそれでは「（朝鮮の）独立」という言葉が慎重に消し去られていることだ。この問題はのちに詳しく触れたい。

「よもの海みなはらからと思ふ世に」

（明治三七・一九〇四年）

ところで、天皇は日露戦争に臨んで「正述心緒」（正しく心緒を述ぶ）と題する、有名な御製を詠んでいる。

よもの海みなはらからと思ふ世になど波風のたちさはぐらむ。

昭和天皇が、アジア太平洋戦争開戦前の御前会議でこの御製を読み上げ、統帥部の意向をただしたことはよく知られている。そしてそれは、戦争回避の意向表明だったと広く理解されている（第四章参照）。

そのため明治天皇も、この御製で平和への意志を示したのだと解釈されやすい。世界はみな同胞だと思うのに、なぜ戦争という波風が絶えないのか、と。

だが、この御製がいつ詠まれたのかで意味合いは変わってくる。開戦の決定前であれば、たしかに平和への意志となるだろう。だが、もし決定後だとすれば——。戦争は本意ではないが、やむをえない。つまり戦争決意の意味となる。

『明治天皇紀』には、この御製の記述がない。そこで、同書編纂に携わった渡辺幾治郎の著作をひもとくと、一九〇四年二月四日の開戦決定の御前会議のあと、皇后（昭憲皇太后）に「いよ〳〵露国と国交を断絶することになつた、これは朕の志ではないが止むを得ない」と漏らしたときに、この御製が詠まれたとある。

また渡辺は、一九四二年三月一〇日付の『朝日新聞』朝刊で、この御製が「開戦当初」に詠まれたとも述べている。日本側の作戦開始命令は（一九〇四年二月）五日、攻撃開始は八日、宣戦布告は一〇日なので、ややタイムラグがあるが、渡辺の見解が正しいのだとすれば、「よもの海」の御製の意味合いも変わってこざるをえない。昭和天皇は結果的に、アジア太平洋戦争の開戦に「やむをえない」とゴーサインを出したことになりはしないか（以上は、平山周吉『昭和天皇「よもの海」の謎』による）。

いずれにせよ、明治天皇は戦争に消極的だった。だがいったん開戦となれば、その本音を隠して大元帥として振る舞わなければならなかった。それは日清戦争のときと同じである。その端境期に詠まれた御製が両義的に解されるのも、この天皇の姿勢と表裏一体だった。

「乃木も、アー人を殺しては、どもならぬ」

（明治三七・一九〇四年）

日露戦争の開戦時、天皇は五一歳になっていた。当時としては高齢だったが、それでも君主としての流儀を忘れなかった。凍える冬の日もストーブを焚かず、蒸し暑い夏の日も軍服を脱がなかった。日清戦争のときのように広島には移らなかったものの、その生活ぶりは相変わらず質素そのものだった。

しぐれして寒き朝かな軍人すゝむ山路は雪やふるらむ。
暑しともいはれざりけり戦の場にあけくれたつ人おもへば。

いずれも一九〇四年から翌年にかけての御製である。

天皇は、早朝でも深更でも、戦況の速報を望んだ。ただしどんな報告を受けても泰然自若、きわめて冷静で、喜怒哀楽を大きくあらわすことはなかった。侍従武官長などが勇んで「敵は何々マイル退却、我が軍は何マイル前進」と報告しても、

さうか。

といって、にっこりと微笑するぐらい。そのあとかならず、

将卒の損害は。

と付け加えた。そして損害が多いと聞けば、表情を曇らせるのだった（渡辺幾治郎『明治天皇』）。

天皇は戦争のたびに、戦病死者の名簿（将校以上は写真も）に目を通していた。日露戦

争ではその数が十数万にのぼったので負担も少なくなかったが、それでもじっくりと読み込み、

佐藤と云ふ名前の者が大変沢山あるな。
加藤と云ふ名前が多い。

と感想を漏らし、読みにくい名前があると、

此名は何と訓むか。是はどう云ふ意味か誰かに尋ねて見よ。

などとそばで控える侍従に訊ねた。
天皇が将卒の損害に敏感だったのも、必然だった。なかでも、五万九〇〇〇人もの死傷者を出した旅順要塞の攻略戦にはひどく心を痛めた。

旅順はいつか陥落するに違ひないが、あの通り兵を殺しては困つた。乃木も宜いけれ

ども、あゝ兵を殺すやうでは実に困るな。

第三軍司令官･乃木希典。日露戦争後、学習院院長となり裕仁親王（のちの昭和天皇）を教育した。

乃木とは、攻略戦を指揮した第三軍司令官の乃木希典のことだ。旅順の港には、ロシア艦隊が立てこもっていた。ヨーロッパから回航中のバルチック艦隊と合流されては、大勢力になりかねなかった。制海権確保のためにも、旅順の攻略は急務だった。そこで第三軍は総攻撃を繰り返したが、虚しく屍山血河を築くばかりだった。天皇はこれを憂慮したのである。

乃木への懸念は、つぎのようにも記録されている。

乃木も、アー人を殺しては、どもならぬ。

君主が臣民を慈しむのは当然と思うかもしれないが、現実にはそう簡単ではなかった。

第一次世界大戦で失墜した皇帝や王族がなんと多かったことか。ロシアのニコライ二世もロシア革命の露と消えた。このあたりが、天皇が「大帝」と呼ばれたゆえんでもあるのだろう（『「明治天皇紀」談話記録集成』）。

なお乃木については、これまで「愚将」との批判が多かったが、近年の研究では再評価も進んでいる。乃木でなくても、堅固な旅順要塞を前にしては、あのように指揮せざるをえなかったというのだ。

それはともかく、旅順要塞のロシア軍は一九〇五年の元旦に降伏を申し入れた。天皇はそのときの気持ちをすぐ御製にしたためた。

あたらしき年のたよりにあたのしろひらきにけりとつたへきにけり。

さすがの天皇も喜びを隠せなかった。奥では女官に、

今日はかうかうやつたそうな。

と語り、とても満足そうにしていたという(前掲書)。政務では厳格だった天皇も、奥での顔はまた別だった。

ただし、天皇はここで勝ちに驕らなかった。降伏した旅順要塞司令官のステッセルを厚く遇するようにと、山県有朋参謀総長に伝えたのだ。山県から乃木に送られた電報にいわく、「陛下には、将官ステッセルが、祖国のため尽せし苦節を嘉し玉ひ、武士の名誉を保たしむべきことを望ませらる」。

乃木は天皇の意向に従い、旅順郊外の水師営でステッセルと面会したときも帯剣を許し、その軍人としての名誉を尊重した。その様子は、のち文部省唱歌「水師営の会見」(佐佐木信綱作詞、岡野貞一作曲)でつぎのように描かれた。

乃木大将は、おごそかに、御めぐみ深き大君の
大みことのり伝ふれば、彼かしこみて謝しまつる。

昨日の敵は今日の友、語ることばも打ちとけて、
我はたゝへつ、かの防備。かれは称へつ、我が武勇。

この「大みことのり」こそ、さきの天皇の意向にほかならない。このあたりのさじ加減も、天皇の見事なところであろう。

「憲兵、拳銃を発射す」

（明治三八・一九〇五年）

一九〇五年三月、日本軍は奉天会戦でロシア陸軍を打ち破り、五月また、日本海海戦でバルチック艦隊を撃滅した。昔日の弱小国は、いまや欧米列強の一角を相手に互角以上の戦いぶりをみせていた。

だが、連戦連勝の陰で、日本の国力は悲鳴を上げていた。そろそろ手を打たなければ、経済的にも軍事的にも破綻は必至だった。たいするロシアも、厭戦気分と革命運動の蔓延に手を焼き、戦争終結を望んでいた。

両国の利害はここに一致した。アメリカの斡旋により講和会議が開かれ、九月にポーツマス条約が締結された。日本は、賠償金こそ得られなかったものの、南樺太を獲得し、遼東半島南部の租借権、旅順から長春までの鉄道などを譲り受けた。大国ロシア相手にまずまずの成果だった。

ところが、この講和内容が日本国内に伝わるや、大きな反発を招いた。国民は戦況を過大評価していたので、政府の弱腰をなじったのである。

同月五日、東京の日比谷公園で講和条約反対の国民大会が開かれた。警察の制止を振り切り、民衆は暴徒と化して内相官邸や警察署を襲った。ついには近衛師団などが鎮圧のために出動するほどの大騒ぎに発展した。

天皇はこの一連の動きをたいへん気にかけており、憲兵の威嚇射撃を聞くや、動揺して、

憲兵、拳銃を発射す。

と叫んだ。同年一月、ロシアの首都ペテルブルグでは血の日曜日事件が発生していた。労働者の窮状を訴える民衆に軍隊が発砲し、皇帝への信頼は崩れ去った。もしかすると天

皇は同じような事態を恐れたのかもしれない。

日比谷焼打事件の死者は少なく、幸いにして大事にはいたらなかった。平和はふたたび訪れた。一〇月一六日、天皇は「日露の平和克復に関する詔勅」を発表した。

朕、東洋の治平を維持し、帝国の安全を保障するを以て、国交の要義と為し、夙夜《しゅくや》懈《おこた》らず、以て皇猷《こうゆう》を光顕する所以を念ふ。不幸客歳露国と釁端を啓くに至る。亦寔《まこと》に国家自衛の必要已むを得ざるに出でたり。［中略］交戦二十閲月、帝国の地歩既に固く、帝国の国利既に伸ぶ。朕の恒に平和の治に汲々たる、豈徒に武を窮め、生民をして永く鋒鏑《ほうてき》に困《くるし》ましむるを欲せんや。

嚮《さき》に亜米利加合衆国大統領の、人道を尊び平和を重ずるに出でて、日露両国政府に勧告するに、講和の事を以てするや、朕は深く其の好意を諒とし、大統領の忠言を容れ、乃ち全権委員を命じて、其の事に当らしむ。［中略］朕は茲に平和と光栄とを併せ獲て、上は以て祖宗の霊鑑《れいかん》に対へ、下は以て丕績《ひせき》を後昆に貽《のこ》すを得るを喜び、汝有衆と其の誉を偕にし、永く列国と治平の慶に頼らむことを思ふ。

【大意】

朕は、東洋が永く平和に治まるようにして、帝国の安全を保障することを、外交の上に一ばん大切なことであるとして、一日も怠らず、それに力をつくした。そうして、それが天皇の事業を大いにあらわし示すことにもなると思っている。不幸にして、昨年、露国と戦争をはじめるようになった。それもまたわが国家をみずから衛る必要上、まことにやむをえないことであった。〔中略〕戦争をすること二〇ヶ月を経て、帝国の地位はもはや固くなり、帝国の国利はもはや伸びた。朕がいつも平和に世の中の治まることを望んでいるところからいっても、どうして、無益に戦争をつづけて、国民をして戦禍に苦しませることを欲しよう。

さきにアメリカ合衆国大統領が、人道を尊び、平和を重んずる心から、日露両国の政府に講和のことを勧告したとき、朕は、深くその好意をくみとり、大統領の忠言をうけいれ、すぐに全権委員を命じて、そのことに当たらしめた。〔中略〕朕はここに平和と光栄とをあわせえて、かみはもって皇祖皇宗の尊い御霊のみそなわせられてあるところに報い、しもはもって大いなる功績をのちの子孫に遺すことができたのを喜び、汝ら多くの国民と一しょにこれを名誉とし、永く世界の国々と平和の慶福を受けようと思う（『歴代詔勅全集』）。

無益な戦争を続けて、これ以上国民を戦禍に苦しめたくない。綺麗事と切って捨てるのは簡単だが、これまでの天皇の本音にかんがみれば、かならずしもそうとは言い切れまい。空理空論になりがちな理想でも、その人格的な振る舞いによって現実味のあるものに変えてしまう。それが天皇という存在のふしぎな力のように思われる。

「戦後日尚浅く、庶政益〻更張を要す」

（明治四一・一九〇八年）

こうして日本は「一等国」の仲間入りを果たし、明治維新以来の悲願を達成した。だが、それは同時に国家目標の喪失をも意味した。

国民の生活は一向によくならず、それどころか、産業革命の進展によって貧富の差が拡大した。その結果、社会主義が流行し、一九〇六年一月には、日本平民党、日本社会党が相次いで結成され、一九〇八年六月には、社会主義者と警官隊が衝突する赤旗事件が発生した。そのため、社会主義運動に寛容だった第一次西園寺公望内閣が退陣に追い込まれた。同年七月、第二次桂太郎内閣が成立し、戦後経営の立て直しが図られた。そこで計画されたのが、天皇の言葉による社会の引き締めだった。その言葉こそ、平田東助内相らによって起草され、一〇月一三日に発布された、のちに「戊申詔書」と呼ばれるものにほかならない。

朕惟ふに、方今人文日に就り月に将《すす》み、東西相倚り、彼此相済し、以て其の福利を共にす。朕は爰に益〻国交を修め、友義を惇し、列国と与に永く其の慶に頼らむことを期す。顧みるに、日進の大勢に伴ひ、文明の恵沢を共にせむとする、固より内国運の発展に須つ。戦後日尚浅く、庶政益〻更張を要す。宜く上下心を一にし、忠実業に服し、勤倹産を治め、惟れ信惟れ義、醇厚俗を成し、華を去り実に就き、荒怠相誡め、自彊息まざるべし。
抑〻我が神聖なる祖宗の遺訓と、我が光輝ある国史の成跡とは、炳《へい》として日星の如し。

寔に克く恪守し、淬礪《さいれい》の誠を輸さば、国運発展の本近く斯に在り。朕は方今の世局に処し、我が忠良なる臣民の協翼に倚藉して、維新の皇猷を恢弘《かいこう》し、祖宗の威徳を対揚せむことを庶幾ふ。爾臣民、其れ克く朕が旨を体せよ。

【大意】

朕が思うに、このごろ文明は日進月歩で、国際的な交流も進み、その福利を共有している。朕は益々国際的な友好関係を深めて、諸外国とともに、永遠に国際親善の成果を求めるつもりである。顧みるに、この日進月歩の時代にあって、文明の恵みを共有するためには、まず自国の発展が欠かせない。日露戦争後まだ日も浅く、政治全般で一層の改革が必要だ。臣民はぜひとも上下の隔てなくひとつになって、まじめに仕事に取り組み、実直に生計を立て、信義を重んじて、素朴で人情深い文化を作り、上辺だけの華やかさを捨てて実質を重んじ、怠惰を戒め、倦まず弛まず努力しなければならない。

そもそも歴代天皇の遺訓と、わが国の輝かしい歴史の成果は、月日の如く明らかである。これをよく守り、修養に励めば、国運の発展に疑いはない。朕はこのごろの時局に臨み、忠良な臣民の協力に頼り、明治維新の大計を推し進め、歴代天皇の威徳を広く示したいと願っている。お前たち臣民はよく朕の考えを理解して、その実現に努力せよ。

日本はたしかに大国となった。だが、「戦後日尚浅く、庶政益〻更張を要す」。戦後の発展のため、日本人は、華美や怠惰に陥らず、また過激なイデオロギーにも走らず、発展した産業社会のなかで、まじめにコツコツと働く存在とならなければならない。「戊申詔書」は、日露戦争後に方向性を失った日本人に、あるべき理想像を示したのである。

「戊申詔書」は、内務省が音頭を取る地方改良運動（戦争で疲弊・荒廃した地方社会を経済的・思想的に立て直そうとする官製運動）に積極的に活用された。具体的には、その捧読会が各地の小学校や役場で行なわれ、労働争議や階級闘争などの抑制が図られた。それはまるで、民間人向けの「軍人勅諭」であり、「教育勅語」であった。

もっとも、天皇の言葉も万能ではなかった。経済や思想に起因する社会不安は簡単に収まらず、大正・昭和にいたるまで持ち越されることになった。

「ああ、伊藤が殺されたか」

（明治四二・一九〇九年）

そんなさなか凶報がもたされた。枢密院議長の伊藤博文が、出張先のハルビン駅で韓国の独立運動家・安重根に暗殺されたというのである。

天皇の信任が厚かった伊藤博文。初代首相、初代韓国統監、枢密院議長、貴族院議長などを歴任した。

そもそも日清・日露戦争は、どの国が朝鮮半島を影響下に置くかという争いでもあった。そのため両戦争に勝利した日本は、ますます朝鮮半島への支配を強め、韓国を保護国化していった。

すでに一九〇四年八月の第一次日韓協約で、日本は韓国政府に顧問を送り込み、その財政と外交を監督していた（顧問政治）。これに加え、一九〇五年一一月の第二次日韓協約では、日本は韓国の外交権を完全に接収するとともに、漢城（現・ソウル）に統監府を置いた。初代統監の伊藤博文は、韓国の皇帝や政府を上回る権力を振るった。

一九〇七年六月、韓国皇帝・高宗はオランダのハーグで開かれた平和会議に密使を送り込み、第二次日韓協約の無効を訴えようとしたものの、日本に阻止され、かえって退位に追い込まれた。日本はこれに乗じて翌月、第三次日韓協約を強要し、韓国の施政全般を統監の指導下に置いた。韓国の軍隊も解散された。これで韓国政府は有名無実な存在となった。

韓国の愛国者の怨嗟は、このあいだに統監の地位にあった伊藤の上に注がれた。一九〇九年六月に伊藤が職を去ってからもそれは変わらず、同年一〇月二六日の暗殺事件となって表面化するにいたった。天皇はこの報告を受けるや、驚きを隠さず、

ああ、伊藤が殺されたか。

と二回も三回もいった。初代首相にして功臣の伊藤の死は、天皇にとっても大きな衝撃

だった（「座談会　明治大帝の御日常を偲び奉る」）。

　ところで天皇の言葉は、意外な影響を与えていた。ほかならぬ暗殺犯の安重根が、その後に行なわれた日本の裁判において、天皇の言葉に触れているのである。このことはあまり知られていない。その言葉を引用してみよう。

「日露戦争開戦の当時に置きまして、日本天皇陛下の宣戦詔勅に依りますると、東洋の平和を維持し、韓国の独立を鞏固にするといふ宣言でありました。其後、日露戦争が講和になりまして、日本の凱旋の時は、朝鮮人はあたかも自国の凱旋かの如き感念を以て、非常に歓迎しました。所が、伊藤公爵が統監となつて韓国に駐在することになりまして、五ヶ条の条約［第二次日韓協約］を締結致しましたのは、韓国上下の人民を欺き、日本天皇陛下の聖慮に添はずにやつたので、其為めに韓国上下の人民は非常に伊藤公爵を怨むやうになりまし［た］。

「之［義兵闘争］即ち日本と韓国との戦争と云はなければならぬ。こういふ事は日本天皇陛下の聖慮なる東洋の平和を維持し、韓国の独立を鞏固ならしむると云ふ聖旨に反して居る」（『安重根事件公判速記録』）

　つまり安重根は、伊藤が「東洋の平和を維持し、韓国の独立を鞏固にする」という日露戦争の宣戦詔勅に背いて、韓国の独立を侵したと主張したわけだ。韓国の愛国者が、天皇の言葉をもって伊藤の罪を鳴らす。日本の痛いところを突こうとする、なかなかアクロバティックな試みだった。

もっとも、安重根の理解は正確ではなかった。たしかに、日清戦争の宣戦詔勅では朝鮮の独立と東洋の平和について言及があった。だが、日露戦争の宣戦詔勅ではそうではなかった。韓国の独立という言葉はまったくなく、東洋の平和も「東洋の治安」との言葉に置き換わっていた。つまり、伊藤はけっして天皇の言葉を無視したわけではなかったのである。天皇自身も、韓国の保護国化に抵抗した形跡はない。安重根の指摘は無理があるといわざるをえない。

皮肉にも「東洋の平和」という文言は、「韓国併合に関する詔書」で復活した。一九一〇年八月二九日、日本は日韓併合条約を結び、ついに韓国を併合した。漢城は京城と改称され、統治機関として朝鮮総督府が設置された。詔書は同じ日に発せられた。

朕、東洋の平和を永遠に維持し、帝国の安全を将来に保障するの必要なるを念ひ、又常に韓国が禍乱の淵源たるに顧み、曩に朕の政府をして韓国政府と協定せしめ、韓国を帝国の保護の下に置き、禍源を途絶し平和を確保せむことを期せり。

爾来時を経ること四年有余、其の間、朕の政府は、鋭意韓国施政の改善に努め、其の成績亦見るべきものありと雖、韓国の現制は、尚未だ治安の保持を完するに足らず。疑懼の念、毎に国内に充溢し、民其の堵に安ぜず。公共の安寧を維持し、民衆の福利を増進せむが為には、革新を現制に加ふるの避く可らざること、瞭然たるに至れり。

朕は、韓国皇帝陛下と与に、此の事態に鑑み、韓国を挙て日本帝国に併合し、以て時勢の要求に応ずるの已むを得ざるものあるを念ひ、茲に永久に韓国を帝国に併合することとなせり。


【大意】


朕は、東洋の平和を永遠に維持して、日本の安全を将来に保障することが必要であると考え、また、いつも韓国が騒乱のもとであったことも考慮して、さきに朕の政府に韓国政府と協定を結ばせ、韓国を日本の保護のもとにおいて、騒乱のもとを断ち、平和を確保しようとはかった。

それから四年あまりがたち、そのあいだ、朕の政府は韓国施政をよくしようと励み努め、その成果も大いに上がったものの、韓国の現在の制度はいまだに治安を完全に保つに足りない。疑いや不安に思う気持ちが韓国内に満ち溢れ、その人民も心が休まっていない。公共の安全を維持し、民衆の福利を増し進めるためには、韓国の現在の制度に革新を加えざるをえないことは、いまや明らかになった。

朕は、韓国皇帝陛下とともにこの事態にかんがみ、韓国をすべて日本帝国に併合し、そうすることで、今日の要請に応じるのほかないことと考え、ここに、永久に韓国を日本に併合することとした。

ここで「東洋の平和」は、韓国の独立ではなくその消滅によって達成されるとされた。安重根がこれを読んだらどう思っただろう。かれはこの年の三月に処刑されたため、その答えは誰にもわからない。

「わしなぞ死んでもかまはぬ」

（明治四四・一九一一年ごろ）

天皇は元来身体《からだ》が丈夫だったが、長年の不摂生や戦争のストレスなどが祟り、齢五〇に垂《なん》んとするころより、だんだんと体調を崩すようになった。日露戦争後には伊藤博文の暗殺や大逆事件などもあり、老いが一気に進んだ。

年に一度、地方で催される陸軍特別大演習も、次第に天皇の負担となっていった。一九一一年一一月、天皇は電車での移動が辛くなり、

かう揺れてはどもならぬ。運転が下手ぢや。早過ぎる。もつとゆつくりやらせ。

と不満を述べた。お付きの侍従が「これで普通の速力でございます」と返しても、

お前は鉄道の肩を持つ。

といって怒った。結局鉄道の速力を緩めたため、予定がずれ込んでしまった。辛抱強い天皇には、これまでみられないことだった。
異変を感じた侍従や女官たちは療養を勧めたものの、天皇は頑として聞き入れなかった。

わかってる。わしは何ともない。

それどころか、世の乱れもあって厭世的になり、奥でこう言い放つこともあった。

わしなぞ死んでもかまはぬ。ほっておいてくれ。
どうもわしが死んだら世の中はどうなるのであらう。もうわしは死にたい。

天皇も迫る死期を感じ取っていたのかもしれない（『「明治天皇紀」談話記録集成』）。
陸軍特別大演習への臨席は、一九一一年で最後になった。明くる一九一二年の七月、天皇はついに深刻な状態に陥った。同月二〇日、その容態は官報号外で国民に詳しく知らされた。

「天皇陛下は明治三十七［一九〇四］年末頃より糖尿病に罹らせられ、次で三十九［一九〇六］年一月末より慢性腎臓炎御併発、爾来御病勢多少増減ありたる処、本月十四日御腸胃症に罹らせられ、翌十五日より少々御嗜眠の御傾向あらせられ、一昨十八日以来御嗜眠は一層増加、御食気減少、昨十九日午後より御精神少しく恍惚の御状態にて、御脳症あらせられ、御尿量頓に甚しく減少、蛋白質著しく増加、同日夕刻より突然御発熱、御体温四十度五分に昇騰、御脈百〇四至、御呼吸三十八回、今朝御体温三十九度六分、御脈百〇八至、御呼吸三十二回にして、今二十日午前九時、侍医頭医学博士男爵岡玄卿、東京帝国大学医科大学教授医学博士青山胤通、及東京帝国大学医科大学教授医学博士三浦謹之助拝診の上、尿毒の御症たる旨上申せり」

突然の発表に国民は大いに驚き、その快癒を祈ったが虚しかった。同二九日の夜、天皇は崩御した。五九歳だった。なお皇位継承の準備があったため、崩御は三〇日午前（死因は心臓麻痺）と発表された。今日でもこれが公式の死没日となっている。

明治天皇の言葉は、「御真影」の厳しいイメージもあって、いまだに「五箇条の御誓

明治天皇が眠る伏見桃山陵。京都市街に近く、名酒の産地でもある(2018年5月、著者撮影)。

文」や「軍人勅諭」「教育勅語」ばかり知れ渡っている。だが、じっさいのところ、それは未曽有の近代化に臨んで、ドラマチックに変動した。格式張った文語体の裏には、悩みがあり、怒りがあり、涙があり、嘆きがあったのだ。だからこそ、「大帝」という呼び名にも実感がともなってくるのである。天皇はけっしてたんなる「お飾り」に終始したわけではなかった。

表と裏。公式と非公式。抽象性と具体性。天皇の言葉は、両者のあいだを巧妙に渡っていくからこそ興味深い。では、天皇の身体が病に蝕まれ、この架橋ができなくなったらどうなるだろうか。つぎなる大正時代に、その答えが待ち受けていた。

第三章　大正天皇

発病と「お言葉」の危機

「今日はこうして中(を)よく見てから開けたよ」

(時期不詳)

大正天皇。1879年8月31日、明治天皇の第3皇子として誕生。母は柳原愛子(『嗚呼大正天皇』より)。

大正天皇(嘉仁)は、一九一二年七月に践祚《せんそ》した。三三歳だった。

大正天皇といえば、病身の天皇として知られている。第一次世界大戦以降には、帝国議会の開院式に出席できなくなり、一九二一年一一月、摂政が置かれて事実上の引退状態となった。病状はその後も復せず、一九二六年一二月、静養先の葉山御用邸で崩御した。なんらかの脳の病気だったと考えられている。

事実上の在位が一〇年に満たなかったため、大正天皇は前後の天皇にくらべて影が薄いといわざるをえない。その言葉についても、公式記録の『大正天皇実録』が素っ気ないこともあって、あまり豊富ではない。

ただ、天皇はずっと病身で静養していたわけではなかった。少なくとも、治世の初期はそれなりに元気だったのであり、政務にも取り組んでいた。事実上の引退によって、健康だったころの言動まで色眼鏡でみられているところがないではない。

いわゆる遠眼鏡事件もそのひとつだろう。大正天皇が帝国議会の開院式で、読み終わった勅語の巻物をぐるぐると丸め、遠眼鏡のようにして覗き込んだという噂だ。大正天皇が暗愚だった象徴のように語り継がれ、個人的な話で恐縮だが、筆者自身も小学生のときに学校か塾かで教えられたことがある（その上、天皇が「アメリカがみえる」とつぶやいたなどというエピソードまで付け加わっていた）。

そのいっぽうで、これについてはまったく違う証言も残されている。天皇はかつて、議会で勅語の巻物を上下逆に開けたことがあった。担当の者が間違って渡してしまったらしい。当然そのままでは読めないので、天皇は衆人環視のなかで巻物を巻き直さなければならなかった。

これで恥ずかしい思いをした天皇は、そのつぎはなかを覗き込み、上下が正しいことを確認した上で、巻物を開いた。天皇はその日、奥で女官に今回は首尾よくいったと伝えたという。

今日はこうして中（を）よく見てから開けたよ。

この行動が結果的に遠眼鏡事件として広まってしまった。それがこの女官、坂東登女子の戦後の回想である（山口幸洋『椿の局の記』）。

もちろん、この証言も確かなものではない。時期が曖昧であるし、かなり時間がたってからの言葉でもあるからだ。さはさりながら、天皇を暗愚の一言で片付けることには待ったをかけなければならない。

「お前はこの頃随分と強くなつたな」

（時期不詳）

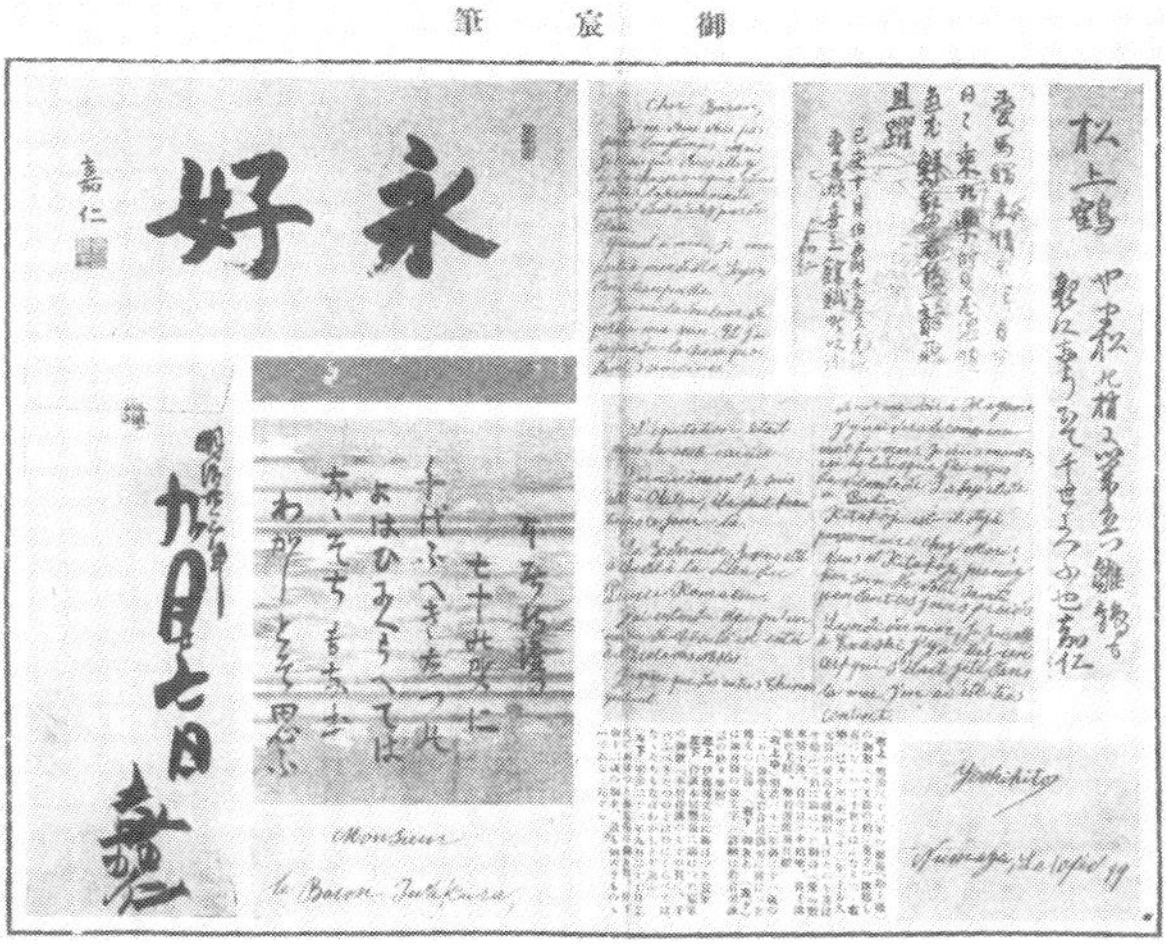

天皇の自筆（宸筆）。右ページの上段の左から中段までが、1899年2月に学友の岩倉通倶に与えたフランス語のもの（『実業之日本』第30巻第2号より）。

たしかに天皇は、よくいえば「お茶目」で「ひょうきん」、悪くいえば軽率で無思慮なところがあった。皇太子の時分には自由に歩き回り、海岸で漁師に鯛を所望したり、山中で村民に道を訊ねたり、鳩を撃って寺の小僧に怒鳴られたり、エピソードに事欠かなかった。周囲はそのたびに大慌て、相手はあとで皇太子と知って恐懼するばかりだった。

践祚してからはさすがにおとなしくなったものの、奥では女官を追いかけ回して頬を「ペチョペチョペチョッ」と舐めたり、その手をがっとつかんだり、相変わらず自由奔放だった。聡明で知られる皇后（貞明皇后）もこれには機嫌が悪くなり、一時ヒステリーみたいになったという。

ただし、知的な能力まで後れを取っていたわけではなかった。天皇は皇太子のときから記憶力がよく、フランス語もある程度使えた。フランス語は、当時の列強王族や外交官の共通言語だった。そのため天皇は、来日したスペイン公使と長時間会話したこともあったらしい。自筆のフランス語の手紙も残されている（前ページの写真）。

天皇はこの能力で、女官をからかうことがあった。女官にフランス語のフレーズを教えて、これは「わたくしはばかではありません」という意味だからと伝え、向こうでいってこいと指示した。ところが、それはほんとうのところ、

あたくしはばかであります。

という意味だった。そのため、その女官は、フランス語がわかる侍従に「きゃっきゃっ」と笑われたのだった。天皇はこれに加え、朝鮮語も勉強していた。こちらも具体的な言葉があればいいのだが、残念ながら残されていない。

また天皇は、新聞をよく読んでいた。四紙ぐらいを端から端まで読み、世情に詳しく、こんなことまで女官に蘊蓄を傾けた。

どこやらのな、うなぎがどうやら。
あの三河屋のな、うなぎがおいしいそうだよ。

この気さくさは、表の政務でもしばしば顔を出した。天皇は、臣下や女官に紋章入りの煙草を鷲掴みでよく与えた。またときに相手の写真を所望した。これは外国の大使などにも例外ではなく、つぎのような声がかかった。

煙草やる。煙草のむか。
写真をくれ。
写真、以後、くれね。

外国人嫌いの先代では考えられない光景だった。他方で、天皇にも君主としての自覚は

あり、政務の声がかかれば奥での食事を中断して、

それでも国のことだからな。
時間は言っておれんよ。

といって表に向かったのだった(『椿の局の記』)。
なお天皇はワイン、梅酒、シェリー酒、ブランデーなどを嗜んだが、大酒飲みではなかった。むしろ臣下に飲ませて泥酔させることを楽しみとした。侍従がこれに参って、ブランデーの瓶に麦茶をつめて、それを飲むようにしたところ、天皇は気づかず、

お前はこの頃随分と強くなつたな。

と感心することもあった(小川金男『宮廷』)。

「勿使黎民憂飢寒（黎民をして飢寒を憂へしむる勿れ）」

（大正二・一九一三年）

明治天皇は和歌が得意だったが、大正天皇は漢詩に秀で、生涯で一三六七首もの御製を残した。天皇の知的能力を考える上で、これも見逃せない。というのも、漢詩は平仄《ひょうそく》などのルールが細かく、和歌よりも作るのがむずかしいと一般に考えられているからだ。

一九一三年の御製から三つを取り上げてみたい。まずは、「乗馬到裏見瀑」（馬に乗りて裏見の瀑に到る）。避暑のため日光田母沢御用邸におもむいたときのものである（書き下しは、木下彪註釈『大正天皇御製詩集』による。以下、同じ）。

乗馬到裏見瀑
山中跨馬緩緩行　山中馬に跨り緩々として行く。
緑樹風涼聴蟬声　緑樹風涼しく蟬声を聴く。

石径崎嶇時移歩　石径崎嶇《きく》、時に歩を移し、
忽看懸瀑白練明　忽ち看る懸瀑の白練、明かなるを。
如雨如霧飛沫散　雨の如く霧の如く飛沫散じ、
清冷之気襲衣生　清冷の気、衣を襲うて生ず。
笑踞岩角擅吟賞　笑つて岩角に踞し、吟賞を擅《ほしいまま》にす。
往復不必問里程　往復必ずしも里程を問はず。

のんびりと山路を馬で行く。緑の木々に風は涼しく、蟬も鳴く。石ころ道をなんとか乗り越えると、パッと白く美しい滝があらわれた。水しぶきが飛び散ってきて、冷たく気持ちがいい。そこで岩に腰掛け、気ままに詩を詠じていると、楽しさのあまり、往復の道のりも気にならなくなった。

静養中の天皇の姿が目に浮かぶようだ。表現も直接的でわかりやすく、滝までたどりついた嬉しさが自然に伝わってくる。もちろん、天皇はひとりで行ったのではなく、伏見宮貞愛親王や侍従武官などが付き従っていた。

つぎは、天皇ならではの御製。内容自体はなんの変哲もないが、君主でなければ詠めな

い内容で注目に値する。

偶感
世上何事貪苟安
苟安畢竟成功難
廓清弊事要慎重
挙頭仰望碧落寛
有司唯能尽其職
勿使黎民憂飢寒
磻渓老翁宜出仕
今日不須把釣竿

世上何事ぞ、苟安を貪る。
苟安畢竟、成功難し。
弊事を廓清する、慎重を要す。
頭を挙げて仰いで望む、碧落の寛なるを。
有司唯能く其の職を尽し、
黎民をして飢寒を憂へしむる勿れ。
磻渓《はんけい》の老翁宜しく出仕すべし。
今日須《もち》ひず釣竿を把るを。

大意はつぎのとおり。一時の楽しみは、結局なんの成果も生まない。善政を敷くには、長期の視点が必要だ。人民が飢餓や寒さで悩まぬように、役人たちは職務に励め。有能なものはぜひとも仕官せよ。いまは釣り糸を垂らしている場合ではない。

「皤渓老翁宜出仕／今日不須把釣竿」の二聯は、中国の故事を踏まえている。周の太公望は、皤渓という川で釣りをしているところを文王にスカウトされ、その軍師となって建国の功臣となった。天皇は同じように、世の中の有能な人材に仕官を呼びかけている。その前の「有司唯能尽其職／勿使黎民憂飢寒」といい、まさに帝王ならではの視点である。
最後に、現在のわれわれにも馴染み深い、東京の日本橋にかんする御製を掲げよう。

日本橋
絡繹舟車倍旧饒　絡繹舟車、旧に倍して饒《おほ》し。
高楼傑閣聳雲霄　高楼傑閣、雲霄《うんせう》に聳《そび》ゆ。
神州道路従茲起　神州の道路、茲より起る。
不負称為日本橋　負《そむ》かず、称して日本橋と為すに。

日本橋は、一九一一年に架け替えられ、現在のモダンな姿となった。そのデザインについては当時批判的な意見もあった。天皇は橋自体には触れず、周辺の賑わいや象徴的な意味合いについてのみ言及している。いわく――。

車と舟が絶え間なく行き交い、周りの建物も雲をしのぐほど。日本の道路はここを起点とする。まさに日本橋という名前にぴったりだ。

一九六三年、首都高速道路が造られ、日本橋はその下に覆われた。往時の姿を惜しんで、現在首都高の地下化も計画されている。これには反論もあるが、御製に限れば今日のままで問題なさそうだ。日本橋周辺はさらに賑わい、高層ビルが一層林立しているのだから。

「列強勝敗竟如何（列強の勝敗、竟に如何）」

（大正三・一九一四年）

さて、天皇が皇位を継いで二年、ヨーロッパで戦火が上がった。一九一四年七月から一九一八年二月まで続く、第一次世界大戦のはじまりだった。

日本にとってはかならずしも関わらなくてもいい戦争だった。だが、大隈重信内閣の加藤高明外相は、これを日本の地位を向上させる好機とみた。その説得もあって、日本は八月二三日、日英同盟を理由にドイツに宣戦布告した。イギリスの制止を振り切って行なわれた、明らかに強引な参戦だった。

「独逸国に対する宣戦の詔書」は、従来のフォーマットを踏襲して、平和への意志を強調し、やむをえず開戦したと主張している。だが、開戦までの経緯を考えれば、白々しさは拭えなかった。日清・日露戦争の宣戦詔勅とは、そこが大きな違いだった。


天佑を保有し、万世一系の皇祚を践める大日本国皇帝は、忠実勇武なる汝有衆に示す。

朕茲に独逸国に対して戦を宣す。朕が陸海軍は、宜く力を極めて、戦闘の事に従ふべく、朕が百僚有司は、宜く職務に率循して、軍国の目的を達するに勗《つと》むべし。凡そ国際条規の範囲に於て、一切の手段を尽し、必ず遺算なからむことを期せよ。

朕は、深く現時欧州戦乱の殃禍を憂ひ、専ら局外中立を恪守し、以て東洋の平和を保持するを念とせり。此の時に方り、独逸国の行動は、遂に朕の同盟国たる大不列顛《ブリテン》国をして戦端を開くの已むなきに至らしめ、其の租借地たる膠州湾に於ても亦、日夜戦備を修め、其の艦艇荐《しきり》に東亜の海洋に出没して、帝国及与国の通商貿易、為に威圧を受け、極東の平和は、正に危殆に瀕せり。是に於て、朕の政府と大不列顛国皇帝陛下

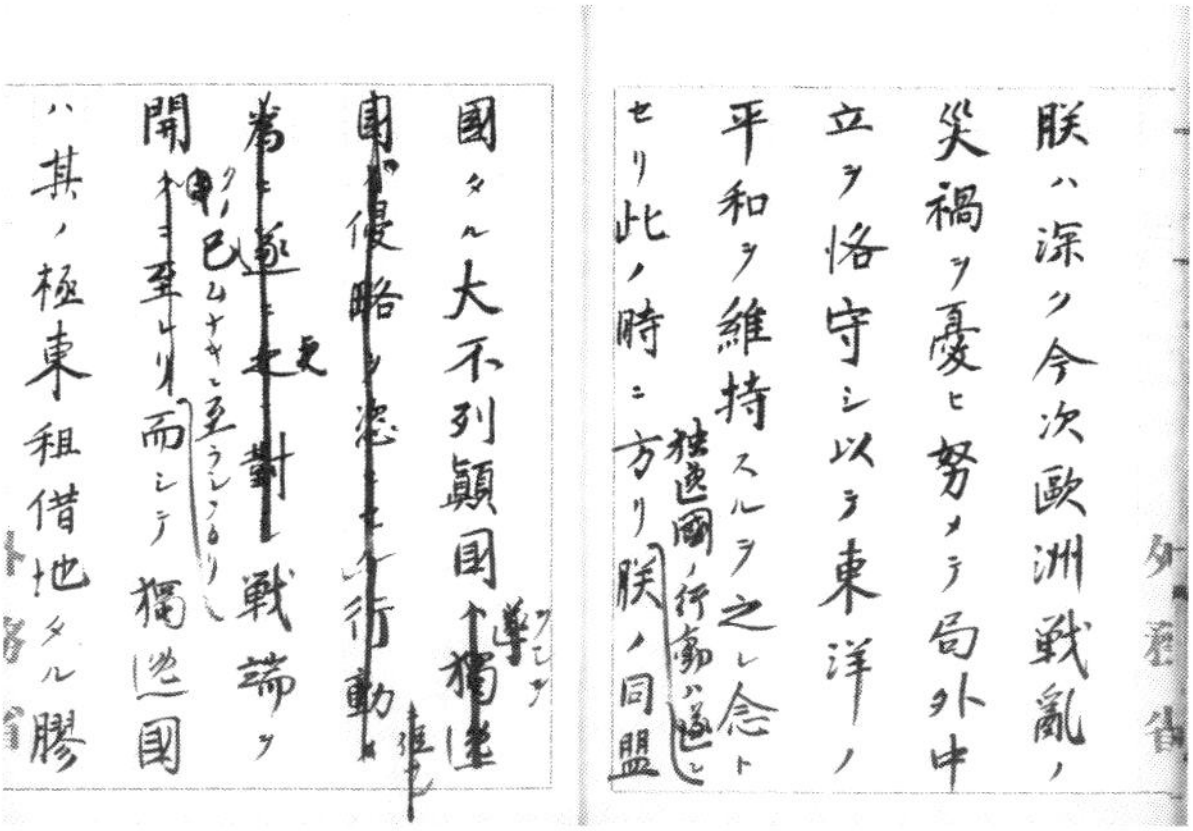
朕ハ深ク今次欧洲戦乱ノ
災禍ヲ憂ヒ努メテ局外中
立ヲ恪守シ以テ東洋ノ
平和ヲ維持スルヲ之レ念ト
セリ此ノ時ニ方リ朕ノ同盟
国タル大不列顛国

「独逸国に対する宣戦の詔書案」(国立公文書館デジタルアーカイブ)。「戦端を開くに至れり」が「戦端を開くの已むなきに至らしめたり」などと修正されている。ここからさらに修正が加えられ、完成した。

の政府とは、相互隔意なき協議を遂げ、両国政府は、同盟協約の予期せる全般の利益を防護するが為、必要なる措置を執るに一致したり。朕は、此の目的を達せむとするに当り、尚努めて平和の手段を悉さむことを欲し、先づ朕の政府をして、誠意を以て独逸帝国政府に勧告する所あらしめたり。然れども、所定の期日に及ぶも、朕の政府は、終に其の応諾の回牒を得るに至らず。

朕、皇祚を践て未だ幾くならず。且今尚皇妣の喪に居れり。恒に平和に眷々たるを以てして、而かも竟に戦を宣するの已むを得ざるに至る。朕、深く之を憾とす。

朕は、汝有衆の忠実勇武に倚頼し、速に

平和を克復し、以て帝国の光栄を宣揚せむことを期す。

【大意】

天の助けを受け、万世一系の皇位を継ぐ大日本国皇帝は、忠義の心が厚く、勇気があって強いお前たち臣民に示す。

朕は、ドイツにたいして宣戦を布告する。朕の陸海軍は、力を尽して戦闘に携わり、朕の官公吏は、職務に従って戦時の国家目標を達成するに努めなければならない。総じて国際条規の範囲内ですべての手段を尽し、かならず心の残りがないようにせよ。

朕は、今回の欧州大戦の戦禍を心配し、ひたすら局外中立を守り、それによって東洋の平和を守ろうと考えた。それなのにドイツは、ついに朕の同盟国であるイギリスを開戦せざるをえない状況に追い込み、その租借地である膠州湾においても日夜戦備を整えている。ドイツの艦艇もたびたび東アジアの海上にあらわれ、日本や同盟国の通商貿易を圧迫して、東洋の平和をまさに危険にさらしている。これを受けて、朕の政府とイギリス皇帝陛下の政府とは、お互いに腹蔵なく協議を行ない、同盟協約が予期する利益全般を守るため、必要な措置を取ることで一致した。朕は、この目的を達成しようとするにあたり、それでも平和的な手段を尽くそうと望み、まず朕の政府に誠意をもってドイツ帝国政府に勧告させた。しかしながら、所定の期日になっても、朕の政府はドイツ政府から応諾の回答を得られなかった。
　朕は皇位を継いでまだ日が浅く、しかもいまは昭憲皇太后の服喪中である。つねに平和を大事にしてきたのに、ついに宣戦布告せざるをえなくなった。朕はこれをとても残念に思う。
　朕は、お前たち臣民の忠義の心が厚く、勇気があって強い点を頼みとし、すみやかに平和を回復して、それによって帝国の光栄を広く示そうと決心している。

大正天皇は、明治天皇のように開戦に抵抗しなかったが、戦争の推移には強い関心を持った。戦況の報告をたびたび受けていたこともあり、この時期の御製には戦争をテーマにしたものが多い。つぎは、開戦当初に大戦の結果はどうなるのだろうと憂えたものである。

　時事偶感
西陸風雲惨禍多　西陸の風雲、惨禍多し。

列強勝敗竟如何　列強の勝敗、竟に如何。
山河到処血成海　山河到る処、血、海を成し、
神武憑誰能止矛　神武、誰に憑つてか能く矛を止めん。

内容は書き下しのとおりなので、とくに解説はいらないだろう。「神武」は神武天皇ではなく、すぐれた武徳を意味する。
もっとも、日本にとって東アジアのドイツ軍はものの数ではなかった。主戦場のヨーロッパのそれにくらべて、遥かに小勢で脆弱だったからだ。日本は、一〇月に赤道以北のドイツ領南洋諸島を占領し、翌月にドイツの根拠地だった中国の青島を占領した。つぎの二篇はその勝報を受けて作られた。

聞海軍占領南洋耶爾特島（海軍の南洋耶爾特《ヤルート》島を占領せるを聞く）
艨艟破浪到南洋　艨艟《もうどう》、浪を破つて南洋に到る。
孤島受降天一方　孤島降を受く、天の一方。
要使民人浴皇化　民をして皇化に浴せしむるを要す。

仁風恩露洽桄榔　仁風恩露、桄榔《こうろう》に洽《あまね》し。

聞我軍下青島（我が軍の青島を下すを聞く）

所向無前是我軍　向ふ所前なし、是れ我軍。

喜聞異域奏奇勲　喜び聞く、異域奇勲を奏するを。

平和時頼干戈力　平和時に頼る、干戈の力。

東亜自今生瑞氛　東亜今より瑞氛《ずいふん》を生ぜん。

「東亜自今生瑞氛」（「瑞氛」はおめでたい雲気）とあるように、青島の陥落をもって東アジアにおけるドイツの勢力は潰《つい》え去った。

その後、日本はヨーロッパへの輸出で大戦景気に沸き、重工業化を果たした上に、債務国から債権国に転換した。一九一五年五月には、どさくさに紛れて中国に二十一ヵ条の要求を飲ませ、旧ドイツ利権を継承するなどした。東アジア全体はともかく、日本にとってはたしかに「瑞氛」が生じていた。

それからも天皇は、しばらく「観新造戦艦（新造の戦艦を観る）」「飛行機」「艨艟」「看飛行機（飛行機を看る）」など戦争や軍事に関連する御製を精力的に詠み続けた。ただ、それも一九一七年には途絶えてしまった。

そう、天皇の病は早くも篤くなりつつあった。

「己れは別に身体は悪くないだろー」

（大正一〇・一九二一年）


一九一八年一一月、ドイツが休戦協定に調印し、第一次世界大戦が終了した。翌年一月パリ講和会議が開かれると、日本は五大国のひとつとしてこれに参加し、六月ヴェルサイユ講和条約に調印した。これにより、赤道以北のドイツ領南洋諸島は、日本の委任統治領となった。

日本の国威が大いに上がるかたわらで、天皇の病は深刻になった。大戦中すでに言語障害や歩行困難の症状があらわれていたが、一九一九年には帝国議会の開院式に臨席できないほどまでに状態が悪化していた。

そして一九二〇年、静養先の葉山御用邸からなかなか帰京できなくなり、さまざまな憶測が巻き起こる事態になった。もはや隠すこともできず、三月三〇日、ついに天皇の病状が宮内省より発表された。

「陛下践祚以来、常に内外多事に渉らせられ、殊に大礼前後は、各種の典式等日夜相連り、尋《つい》で大戦の参加となり、終始宸襟を労させ給ふこと尠からず。御心神に幾分か御疲労の御模様あらせられ、且一両年前より、御尿中に時々糖分を見ること之れあり、昨秋以来、時々挫骨神経痛を発せられる」

原敬首相。日本最初の本格的な政党内閣を組織し、ヴェルサイユ条約の調印に臨んだ。

これを皮切りに、天皇の病状が定期的に発表された。部分的に引用するとつぎのようになる。

「爾後是等の御症状［第一回発表の症状］は漸次御軽快あらせられたるも、御疲労は依然事に臨みて生じ易く、御倦怠の折柄には御態度に弛緩を来し、御発語に障害起り、明晰を

欠くこと偶々《たまたま》之れあり」(同年七月二四日、第二回発表)
「唯御発語の障碍は依然として、特に御心身幾分の御緊張を要せらるゝ場合には、御難儀に伺はる」(一九二一年四月一六日、第三回発表)
「且御態度の弛緩及御発語の故障も近頃其度を増させられ、又動もすれば御倦怠起り易く、御注意力御記憶力も減退し、要するに一般の御容態は時々消長を免れざるも、概して快方に向はせられざる様拝察し奉る」(同年一〇月四日、第四回発表)

このように、天皇の症状は概して悪化していった。そしてついに快方に向かっていないとまで発表されるにいたったのである。

国政の停滞は、このままでは必然だった。そのため慎重な審議が行なわれ、一九二一年一一月二五日、弱冠二〇歳の皇太子・裕仁親王が摂政に立てられることになった。そのときの詔書はつぎのとおりだった。

朕、久きに亙るの疾患に由り、大政を親らすることを能はざるを以て、皇族会議及枢密顧問の議を経て、皇太子裕仁親王、摂政に任ず。茲に之を宣布す。

これで全文である。ずいぶんとあっさりした内容で、あらためて大意を示すまでもない。天皇はこの決定に関わっておらず、正親町実正侍従長が、天皇用の印籠（「可」「聞」「覧」と記された印を入れた箱）を摂政に渡すため持ち出そうとすると、抵抗したといわれる。

先程侍従長は此処に在りし印を持ち去れり。

これは、その後間もなく謁見した内山小二郎侍従武官長が、天皇より聞いた言葉だった。「持ち去れり」という表現から、不本意な気持ちが読み取れる（四竈孝輔『侍従武官日記』）。

なお、摂政任命の詔書とともに、第五回の病状発表が行なわれた。その内容はこれまでになく赤裸々だった。天皇は生来病弱で、「脳膜炎様の御疾患」「重症の百日咳」「腸チフス」「胸膜炎」などに罹っていたが、践祚以後は政務の多忙も加わり、近年ついに「御脳力御衰退の徴候」を呈するにいたった。そして、体重などには問題ないとしつつも、こう続けた。

「御記銘、御判断、御思考等の諸脳力漸次御衰へさせられ、御考慮の環境も、従って狭隘とならせらる。殊に御記憶力に至りては、御衰退の兆最も著しく、加之《しかのみならず》御発語の御障碍あらせらるゝ為め、御意思の御表現甚だ御困難に拝し奉るは、洵に恐懼に堪へざる所なり」

敬語を多用しつつも、かなり厳しい表現といわざるをえない。それにもかかわらず、天皇は同年一二月八日、四竈孝輔侍従武官に、

己れは別に身体は悪くないだろー。

といっていた（『侍従武官日記』）。天皇は病状の自覚がなかった。それはかえって事態の深刻さを如実に物語っていた。

「抑も東京は帝国の首都にして」

（大正一二・一九二三年）

こうして天皇は事実上の引退となったが、大正年間にはまだふたつの重要な詔書が残っている。一九二三年九月の「帝都復興に関する詔書」と、同年一一月の「国民精神作興に関する詔書」がそれである。

第一次世界大戦後、日本は一転して社会不安に苦しんだ。一九一八年七月、米価の高騰を受けて、富山県で民衆暴動が起こった。この動きは全国に波及して、大規模な米騒動に発展した。寺内正毅内閣は、この責任を取って総辞職に追い込まれた。また一九一九年三月、朝鮮半島で大規模な独立運動が発生し（三・一運動）、朝鮮総督府はそれまでの武断統治を改めなければならなかった。

それに加え、一九二〇年代に入るとヨーロッパで戦後復興が進んで、これまでのように商品が売れなくなった。不況の慢性化は、各地で労働争議や小作争議を頻発させた。しかも一九二二年一二月にはソ連が成立し、社会主義や共産主義の脅威がこれまでになく高まった。

追い打ちをかけるように悲劇は起こった。翌年九月一日、関東大震災が発生し、東京を壊滅的な状態に陥れたのである。日本は、物心ともに傷だらけの状態だった。

「帝都復興に関する詔書」と「国民精神作興に関する詔書」は、こうした事態を受けて発せられた。いずれも天皇の威光を使って、社会不安を鎮め、震災復興を成し遂げようとの意図から出たものだった。

まず「帝都復興に関する詔書」は、震災直後の九月一二日に発せられた。死者九万人を超える被害に、ひとびとの心は乱れて、さまざまな憶測が飛び交い、遷都論さえ囁かれた。そこで同詔書は、震災被害の大なることを強調しつつも、東京の地位が揺るぎないことを確認した。

奚《なん》ぞ図らん、九月一日の激震は、事咄嗟に起り、其の震動極めて峻烈にして、家屋の潰倒、男女の惨死、幾万なるを知らず。剰へ火災四方に起りて、火燄天に冲り、京浜其の他の市邑、一夜にして焦土と化す。此の間交通機関杜絶し、為に流言飛語盛に伝はり、人心恟々として、倍々其の惨害を大ならしむ。[中略]抑も東京は帝国の首都にして、政治経済の枢軸となり、国民文化の源泉となりて、民衆一般の瞻仰する所なり。一朝不慮の災害に罹りて、今や其の旧形を留めずと雖、依然として我国都たるの地位を失はず。

部分的にむずかしい言葉があるものの、いわんとしているところは明らかだろう。これに続いて一一月一〇日、「国民精神作興に関する詔書」が発せられた。起草には、西村天囚《てんしゅう》宮内省御用掛（元朝日新聞記者で、白虹事件後に編集顧問）が関わったとされる。こちらは全文を引用する。

朕惟ふに、国家興隆の本は、国民精神の剛健に在り。之を涵養し之を振作して、以て国本を固くせざるべからず。是を以て先帝、意を教育に留めさせられ、国体に基き淵源に遡り、皇祖皇宗の遺訓を掲げて、其の大綱を昭示したまひ、後又臣民に詔して忠実勤倹を勧め、信義の訓を申ねて、荒怠の誡を垂れたまへり。是れ皆道徳を尊重して、国民精神を涵養振作する所以の洪謨に非ざるなし。爾来趨向一定して効果大に著れ、以て国家の興隆を致せり。朕即位以來夙夜兢兢として常に紹述を思ひしに、俄に災変に遭ひて憂悚交々至れり。

輓近学術益々開け、人智日に進む。然れども、浮華放縦の習、漸く萌し、軽佻詭激の風も亦生ず。今に及びて時弊を革めずむば、或は前緒を失墜せむことを恐る。況や今次の災禍甚大にして、文化の紹復、国力の振興は、皆国民の精神に待つをや。是れ実に上下協戮振作更張の時なり。振作更張の道は他なし、先帝の聖訓に恪遵して、其の実効を挙ぐるに在るのみ。宜く教育の淵源を崇びて智徳の並進を努め、綱紀を粛正し風俗を匡励し、浮華放縦を斥けて質実剛健に趨き、軽佻詭激を矯めて醇厚中正に帰し、人倫を明にして親和を致し、公徳を守りて秩序を保ち、責任を重じ節制を尚び、忠孝義勇の美を揚げ、博愛共存の誼を篤くし、入りては恭倹勤敏業に服し産を治め、出でては一己の利害に偏せずして力を公益世務に竭し、以て国家の興隆と民族の安栄、社会の福祉とを図るべし。朕は臣民の協翼に頼りて弥々国本を固くし、以て大業を恢弘せむことを冀ふ。爾臣民其れ之を勉めよ。

【大意】

朕が思うに、国家興隆の根本は、国民精神の剛健にある。国家の根本を盤石にするため、国民精神を育み、盛んにしなければならない。ゆえに明治天皇は「教育勅語」で教育の基本方針をお示しになり、また「戊申詔書」で日々の行動指針をお説きになったのである。以上はすべて、道徳を尊重して、国民精神を育み、盛んにしようというお考えから出たものだった。以来、国家の方針は定まり、その効果も大いにあらわれて、国家の興隆がもたらされた。朕は即位以来、明治天皇の遺業に背かないよう身を慎みながら努めてきたが、ここへきて突如関東大震災の発生に直面し、大いに心を痛めている。

昨今学術も人智も日進月歩ではあるが、そのいっぽうで、享楽的で自分勝手な習慣が次第にあらわれ、軽はずみで過激な風潮もまた生じている。いまこの弊害を改めなければ、明治天皇の遺業を台無しにしてしまうのではないかと恐れる。ましていまは、震災復興のため、国民精神が一番必要とされているときなのである。まさに上下隔てなく協力し、力を発揮しなければならない。そのための手段は、明治天皇のご教示を守り、その実効をあげる以外にない。ぜひとも「教育勅語」で示された教育の淵源を尊重し、知識と道徳の並進に努め、綱紀粛正して勧善懲悪の風習を広め、上辺だけの華やかさと自分勝手さを退けて、質実剛健をめざし、軽はずみで過激な思想を改めて、温かな人情味と中庸に帰り、人倫を明らかにして親和をもたらし、公徳を守って秩序を保ち、責任を重じて節制に努め、忠孝義勇の美風を掲げ、博愛共存の結びつきを深め、内では慎み深くまた熱心に仕事を行ない、外では自分の利害関係だけに囚われず、公共の利益のために努力することで、国家の興隆、民族の繁栄、社会の福祉を図らなければならない。朕は臣民の協力に頼って、ますます国家の根本を盤石にし、明治天皇の遺業を推し進めたいと願っている。お前たち臣民もこのために努力せよ。

山本権兵衛首相。第二次山本内閣は、関東大震災の渦中に成立して「地震内閣」と称された。虎ノ門事件の発生により引責総辞職。

「国民精神作興に関する詔書」は、前段と後段に分かれる。前段では、明治天皇が発した「教育勅語」と「戊申詔書」のおかげで、国家の興隆が実現したとされる。これにたいして後段では、（第一次世界大戦以降の）「浮華放縦の習」と「軽佻詭激の風」が批判され、「質実剛健」と「醇厚中正」に切り替えるべきだと諭される。具体的には、「公徳」や「秩序」に配慮し、儒教的な「忠孝義勇」を尊重して、最終的に「国家の興隆」「民族の安栄」「社会の福祉」をめざすべきだと述べられている。

これは明らかに当時の政府の意向だった。一種の精神主義による国難の克服である。ところが、同年一二月、摂政の裕仁親王が東京で社会主義者の難波大助に狙撃される事件が起きた（虎ノ門事件）。第二次山本権兵衛内閣は、責任を取って総辞職した。詔書はいきなり冷水を浴びせかけられるかたちになった。

そのため、あらためて権威づけをしなければならなかった。じつはこの詔書ははじめ正式な名称がなく、干支にちなみ「癸亥詔書」などと呼ばれていた。そこで新たに発足した清浦奎吾内閣で「国民精神作興に関する詔書」の名称が定められ、文部省を中心に普及活動が実施された。この活動は、加藤高明内閣、第一次若槻礼次郎内閣へと継承され、昭和に持ち込まれることになった。

「道は六百八十里、長門の……」

（大正一四・一九二五年）

そのいっぽうで、療養中の天皇本人に発言がないわけではなかった。片言のようではあるものの、侍従武官長の奈良武次が顔を出すと、天皇は決まって、此れをやろう。
之をお前に遣ろう。
当番か、之をお前に遣るからどうか能く遣て呉れ。

などといって、相変わらず葉巻や紙巻煙草を与えようとした（『侍従武官長奈良武次日記・回顧録』）。

ただ、長い会話はなかなかむずかしかったようだ。一九二五年のこと、天皇は廊下を歩きながら、自分を鼓舞するように軍歌「道は六百八十里」をよく歌った。ところが、ひどい健忘症により、

道は六百八十里、長門の……。

の部分までしか思い出せなかった。そのため、なんどもその箇所を繰り返した。天皇があまりに繰り返すので、御用邸で飼っていた九官鳥までそれを覚えてしまった（『宮廷』）。

ちなみに「道は六百八十里」（石黒行平作詞、永井建子作曲）の歌詞は、つぎのようなものだった。日清戦争の前に作られた初期の軍歌である。

道は六百八十里　長門の浦を船出して
はや二とせを故郷の　山を遥に眺むれば
曇り勝なる旅の空　晴さにやならぬ日の本の
御国の為と思ひなば　露より脆き人の身は
こゝが命の捨てどころ　身にはたま傷つるぎ傷

負へどもつけぬ赤十字　猛き身方の勢に
敵の運命窮まりて　脱ぎし兜を鉾の尖
刺してぞ帰る勝いくさ　空の曇も今日晴れて
一際高き富士の山　嶺の白雪消ゆるとも
勲を建てしますらをの　ほまれは長く尽きざらん

大正天皇の墓所、東京都八王子市の多摩陵。1927年に竣成した（2016年7月、著者撮影）。

天皇は軍歌を好み、御用邸に参上した陸軍軍楽隊にしばしば「橘中佐」を所望した。橘中佐とは、天皇が皇太子時代に東宮武官をつとめ、日露戦争の遼陽会戦で戦死して「軍神」と讃えられた橘周太のこと。「橘中佐」はかれを讃えた軍歌だった。

ただ、こうした生活にもついに終焉のときがやってきた。一九二六年八月、天皇は葉山の御用邸に向かった。そして同地で体調を悪化させ、一二月二五日、ついに帰らぬひととなった。享年四七歳。宮内省からは、死因は心臓麻痺だと発表された。

大正天皇の言葉を振り返ると、前後の天皇にくらべて分量も少なく、やはり無味乾燥だといわざるをえない。もちろん、公式の詔勅は治世後半も臣下によって起草され、発布されてはいた。内容の点では、文面も整っており、申し分がなかった。ただ、そこには「顔」がともなっていなかった。具体性や肉体性に欠く天皇の言葉は、たんなる美辞麗句にならざるをえず、砂を嚙むような虚しさをまぬかれなかったのである。それは「お言葉」の危機だった。

病気さえここまで重くならなければ、この明るく、気さくで、言語に秀でた天皇は、政府関係者と衝突や妥協を繰り返しながら、もっと多種多様な言葉を残せたであろう。なんとも惜しく思われる。

いずれにせよ、発病により損なわれた権威と求心力は、次代で回復されなければならなかった。その重い使命を担ったものこそ、あの昭和天皇だった。

第四章　昭和天皇①

揺れる「リアリスト」の喜怒哀楽

「辞表を出してはどうか」
（昭和四・一九二九年）

いよいよ昭和天皇（裕仁）の登場である。

昭和天皇。1901年4月29日、大正天皇の第1皇子として誕生。母は貞明皇后（『皇室皇族聖鑑　昭和篇』より）。

昭和天皇は一九二一年一一月に二〇歳で摂政になり、一九二六年一二月に二五歳で天皇になった。そして戦争をはじめとする激動の時代を経て、一九八九年一月に八七歳で亡くなった。在位じつに六二年強。その紆余曲折、波乱万丈は、筆舌に尽くしがたい。

当然ながらその言葉も、きわめて多種多様だった。アジア太平洋戦争の敗北により皇室にかんするタブーが緩くなり、さまざまな証言が出やすくなったことも大きかった。戦前・戦中の発言を中心に編まれた『昭和天皇発言記録集成』は、上下巻で合計一〇〇〇ページ以上もあるのだから驚かされる。

これら豊富な言葉を前にすると、平和主義者、軍国主義者、専制君主、ただのお飾りなど、天皇にかんする月並みなイメージの数々は、どれもたちまち吹き飛んでしまう。レッテル貼りの前に、こうした言葉を知り、受け止めることから、すべてをはじめなければならない。

田中義一首相。陸軍軍人を経て、政界に進出。参謀次長、陸相、立憲政友会総裁などを歴任した。

ともあれ、まずは有名な田中義一首相への叱責事件からみていこう。

一九二八年六月、中国吉林省の奉天郊外で特別列車が爆破され、乗っていた奉天派（中国の軍閥）の総帥・張作霖が殺害された。関東軍高級参謀の河本大作による謀略だった。

奉天派は日本の影響下にあったが、国民革命軍（蔣介石軍）の北伐を前に劣勢に立たされていた。関東軍は、張を排して新たな親日政権の樹立を企図したが、中央に阻まれて思うに任せなかった。そこで河本が独断で、国民革命軍の犯行に見せかけて、張を爆殺したのである。もっとも、新政権の樹立には失敗した上、張の後継者で息子の張学良が国民政府と合流したため、日本にとってかえってマイナスの結果となってしまった。

ことの真相は、やがて東京にも伝わり、帝国議会で満洲某重大事件として問題になった。日本側の不法行為は、明々白々だった。そのため田中首相は、いったん犯人を軍法会議にかけるなどと天皇に約束した。ところが、陸軍などの猛反発を受けて豹変、関係者の行政処分でうやむやに済まそうとした。これが潔癖な天皇の不評を買った。

一九二九年六月二七日、田中首相が爆殺事件の報告に訪れると、天皇は強い語気でその食言を非難し、辞表の提出を迫った。

それでは前と話が違ふではないか。辞表を出してはどうか。

これは『昭和天皇独白録』（一九四六年聞き取り）の記述だが、牧野伸顕内大臣の日記には、つぎのように記されている。天皇は田中首相に、夫《そ》れは前とは変はつて居る。

と指摘し、田中が言い訳をしようとすると、

其必要なし。

といって、この話題を打ち切った。辞表について言及はないものの、天皇は別の記録で、鈴木貫太郎侍従長や牧野内大臣にこうも語ったという。

首相は人を馬鹿にする。
何とか辞職さす方法はなきや。

結局、信任を失った田中内閣は七月に入って総辞職した。そして九月、田中は失意のうちに急逝した。

かくて天皇は一内閣を葬り去った。これだけみれば、天皇はなんと大きな権力を握っていたのだと思うかもしれない。だが、実態はもちろん違った。

どんな英邁な君主でも、すべての決断をひとりでは下せない。当時二八歳の天皇もまたそうだった。天皇は、元老（のち重臣）、宮内相、内大臣、侍従長などの側近たちの助言に大きく依存していた。今回の叱責にしても、けっして突発的、感情的に行なわれたものではなかったのである。

天皇やその言葉の位置づけが困難な理由もここにある。その発言は果たして、天皇本人の意志なのか、それとも側近たちの意志の代弁なのか。これは突きつめると陰謀論になりかねない。天皇は側近たちにだまされ、操られているのではないか、と。じっさいその声は同時代にも聞かれた。天皇自身、前出の『昭和天皇独白録』でこう振り返っている。

> 田中内閣は右の様な事情で倒れたのであるが、田中にも同情者がある。久原房之助などが、重臣「ブロック」と云ふ言葉を作り出し、内閣の倒《こ》けたは重臣達、宮中の陰謀だと触れ歩くに至つた。
>
> かくして作り出された重臣「ブロック」とか宮中の陰謀とか云ふ、いやな言葉や、こ

れを間［真］に受けて恨を含む一種の空気が、かもし出された事は、後〻迄大きな災を残した。かの二・二六事件もこの影響を受けた点が尠《すくな》くないのである。この事件あつて以来、私は内閣の上奏する所のものは仮令自分が反対の意見を持つてゐても裁可を与へる事に決心した。

後年の回想なので不正確な部分もあるが、側近たちがのちに青年将校たちから目の敵にされ、命をつけ狙われたのは事実だ。天皇も指摘するように、それはやがて陰惨なテロ事件へとつながっていくのである。

「若し必要なれば、余は事件の拡大に同意するも可なり」

（昭和六・一九三一年）

張作霖の爆殺は軍事衝突に発展しなかった。ただ、中国ナショナリズムはいよいよ高まり、日本の既得権益を年々脅かしつつあった。つぎなる事件の勃発まで、時間はかからなかった。

一九三一年九月一八日、奉天郊外の柳条湖で満鉄線が爆破された。関東軍の謀略だった。だが、同軍はこれを張学良軍の仕業だとして、軍事行動を開始した。満洲事変のはじまりだった。

若槻礼次郎内閣は、翌日すぐに不拡大方針を決定した。だが、関東軍は全満洲の制圧を企図して、これに従わなかった。二一日には、林銑十郎朝鮮軍司令官が、天皇の裁可なく、独断で部隊を満洲に越境させた。戦線はみるみる広がり、内閣も陸軍中央もこれに追従を強いられた。

三〇歳となっていた天皇は、この事態の対処に迫られた。もちろん、満洲を取ってしまえというはずもなく、二二日、若槻首相に政府方針の支持を伝えた。

事件は此上拡大せざる様努力すとの政府方針は誠に結構なり。充分努力する様に。

ただ、天皇は「リアリスト」だった。日本の既得権益を守るため、軍事行動という選択肢は捨てなかった。同日、朝鮮軍部隊の越境について、金谷範三参謀総長に柔軟な姿勢も示した。

此度は致方なきも、将来充分注意せよ。

一〇月九日にも、やや迷いながらも、二宮治重参謀次長に関東軍の錦州爆撃を追認した。錦州は奉天と北京の中間に位置する交通の要所で、このとき張学良軍の敗残兵が集まりつつあった。

錦州附近に張学良軍隊再組織成れば、事件の拡大は止むを得ざるべきか。若し必要なれば、余は事件の拡大に同意するも可なり。

こうして満洲事変は拡大し、一九三二年二月までに関東軍は満洲の主要都市をすべて占領した。翌月、満洲国が成立し、九月、日本が「日満議定書」でこれを承認した。

天皇がふたたび大きく憂慮するのは、一九三三年に入ってからだった。当時、関東軍が

参謀総長・閑院宮載仁親王。皇族軍人だったため、実務の多くは参謀次長が担った（『皇室画報』より）。

満洲国と中国との国境を確定するため、熱河作戦を検討していた。天皇ははじめ軽く考え、二月四日、万里の長城を越えないとの条件で、参謀総長の閑院宮載仁《ことひと》親王（一九三一年一二月就任）に同作戦を裁可した。

ところが八日、斎藤実首相が、国際連盟との関係上、熱河作戦には同意できないと伝えてきた。天皇は内閣によく確認せず、作戦を認めてしまったのだ。

誤りに気づいた天皇は、さきの裁可を取り消そうとした。しかし陸軍は、すでに裁可をもらったとしてこれを拒んだ。焦った天皇はなんとかしようと躍起になり、二月一一日、奈良武次侍従武官長にやや興奮気味にこう語った。

本日総理大臣は、熱河作戦を敢行すれば連盟規約第十二条に依り日本は除名せらる、恐れあり、夫故中止せしめんとするも、既に軍部は御裁可を得居るとて主張強く中止せしむるを得ずと申居れり。就ては統帥最高命令に依り之を中止せしめ得ざるや。

ただ、このような命令は政争の原因になりかねず、危険だった。天皇は仕方なく一二日に、万里の長城だけは絶対に越えるなと注意するしかなかった。

参謀本部に、熱河作戦の結果、万里長城を越ることは絶対に慎むべき旨注意し、之を聴かざれば熱河作戦中止を命ぜんとす。

熱河作戦は、同月中旬より発動された。関東軍は快進撃し、三月上旬長城線に達した。なお天皇の厳命は守られず、同軍はその後、数度にわたって長城線を越えた。中国側はこれに抗しきれず、五月三一日に日本と塘沽《タンクー》停戦協定を結ばざるをえなかった。

こうして満洲事変は終結した。日本にとっては勢力圏が大きく広がる契機となった。だが、天皇にとっては、みずからの意向が聞き入れられない、苦い蹉跌の経験となった。

「固より東亜に偏して友邦の誼を疎かにするものにあらず」

(昭和八・一九三三年)

昭和年間の「お言葉」はたいへん豊富なので、どうしても本人の口から直接発せられたものに集中しやすい。そこで、公式の詔勅についてもみておきたい。一九三二年一月八日、天皇は、満洲事変で活躍した関東軍を褒める勅語を発した。

曩に満洲に於て事変の勃発するや、自衛の必要上、関東軍の将兵は、果断神速、寡克く衆を制し、速に之を芟討せり。爾来艱苦を凌ぎ祁寒《きかん》に堪へ、各地に蜂起せる匪賊を掃蕩し、克く警備の任を完うし、或は嫩江《のんかう》・斉々哈爾《チチハル》地方に、或は遼西・錦州地方に、氷雪を衝き、勇戦力闘、以て其禍根を抜きて、皇軍の武威を中外に宣揚せり。朕深く忠烈を嘉す。汝将兵、益々堅忍自重、以て東洋平和の基礎を確立し、朕が信倚に対へんことを期せよ。

関東軍は「自衛」のために戦い、「皇軍の武威」を内外に広く示した。天皇はこれを「嘉す」（よしとする）としたのである。

この勅語の意味については、ふたつの解釈がみられる。ひとつは、天皇が満洲事変を支持した証拠だとする解釈であり、もうひとつは、慣行どおり（これまでも軍事作戦後にはこのような勅語が出されていた）の対応にすぎず、取り立てて問題にするに足りないとの解釈である。いずれにせよ、これについて天皇自身の内意は伝わっていない。

そのいっぽう、一九三三年三月二七日の「国際連盟脱退に関する詔書」は、天皇の意向が明確だった。

少しさかのぼって説明しておこう。一九三二年二月、満洲事変を調査するため、国際連盟の調査団が東アジアに派遣された。いわゆるリットン調査団だ。同団は一〇月に報告書を日中両国に通知した。その内容は日本の主張を否定するものだった。一九三三年二月、ジュネーブで開かれた連盟の特別総会でこの報告書にもとづく議案が可決されたため、三月二七日、日本は連盟からの脱退を通告した。

「国際連盟脱退に関する詔書」は、これを受けて発せられたものである。天皇は事前に詔

書案をみて、

従来武を宣揚することに就ては充分効を挙げ来りたるところ、文に就ても此際督励の意味を顕はすの要あり。

極東に偏せず云々の点は変更せざる様に。

世界の平和を念とすること並に文武各其の分を恪守することの趣旨にあやまりなき様になすべし。

などの言葉を、牧野伸顕内大臣や内田康哉外相に与えた。この天皇の意向は、「国際平和の確立は、朕常に之を冀求して止まず」「固より東亜に偏して友邦の誼を疎かにするものにあらず」「文武互に其の職分に恪循し」などの部分に反映された。

朕惟ふに、曩に世界の平和克復して、国際連盟の成立するや、皇考之を懌びて帝国の参加を命じたまひ、朕亦遺緒を継承して、苟も懈らず、前後十有三年、其の協力に終始せり。

今次満洲国の新興に当り、帝国は其の独立を尊重し、健全なる発達を促すを以て、東亜の禍根を除き、世界の平和を保つの基なりと為す。然るに、不幸にして連盟の所見、之と背馳するものあり。朕乃ち政府をして慎重審議、遂に連盟を離脱するの措置を採らしむるに至れり。

然りと雖、国際平和の確立は、朕常に之を冀求して止まず。是を以て平和各般の企図は、向後亦協力して渝《かは》るなし。今や連盟と手を分ち、帝国の所信に是れ従ふと雖、固より東亜に偏して友邦の誼を疎かにするものにあらず。愈信を国際に厚くし、大義を宇内に顕揚するは、夙夜朕が念とする所なり。

方今列国は稀有の世変に際会し、帝国亦非常の時艱に遭遇す。是れ正に挙国振張の秋なり。爾臣民克く朕が意を体し、文武互に其の職分に恪循し、衆庶各其の業務に淬励し、嚮ふ所正を履み、行ふ所中を執り、協戮邁往、以て此の世局に処し、進みて皇祖考の聖猷を翼成し、普く人類の福祉に貢献せむことを期せよ。

【大意】

朕が考えてみるのに、さきに世界の平和がもとにかえり、国際連盟が成り立ったとき、亡き御父の天皇（大正天皇）は、これをお喜びになって、帝国の参加を命じたまい、朕もまたその遺しおかれたご事業を承けつぎ、少しも怠ることなく、一三年の間、はじめから終わりまで力をつくした。

今度満洲国が新たに興こるに当って、帝国は、その独立を尊重し、健全なる発達を促すことを以て、東亜の禍根を取り去り、世界の平和を永く続けて行く基であるとしている。しかるに、不幸にして、連盟の見る所には、これと反対したものがある。そこで、朕は、政府をして慎重に審議させ、ついに連盟を離脱する措置を採らしむにいたった。

そうであるといっても、国と国との平和の確立ということは、朕が常にこれを希ってやまないところである。そこで、平和に関するいろいろの計画に、これから後にも力を協わせることは、前とかわらない。今、連盟とわかれて、ただ帝国の信ずるところに従うといっても、固より東亜にのみ偏った考えで、親しい関係のある国々との誼をおろそかにするものではない。いよいよ国と国とのあいだの信義を厚くして、正しい大道を世界に高く示すことは、朕が朝夕深く心に思っているところである。

今日、多くの国々は、今までに珍しい世の変動にあい、帝国もまた非常な時局の苦しみにあっている。これは、まことに、国民全体が大いに元気をふるい起し引きしまるときである。汝ら臣民よ。よく朕が思っているところを心得、文官も武官も互にその定まれるつとめにつつしみ従い、多くの臣民は、それぞれその仕事をつとめはげみ、正しい道に向って進み、いつも中を離れないように行ない、心をあわせ力をあわせて進んで往き、そうして、この世のうつりゆくありさまに適した方法を執り、さらに進んで、亡き御祖父の天皇（明治天皇）の尊いご計画を助けて成し遂げ、ひろく人類の幸福を増すことに力をつくすように心がけよ（『歴代詔勅全集』）。

日本は満洲国のために国際連盟を脱退するものの、それは東アジアの安定を通じて世界平和に貢献しようとするためであって、けっして世界のことを考えていないわけではない。このような「東アジアの安定↓世界の平和」というロジックは、これまでも対外的な詔書の基本的な枠組みだった。天皇は、今回もそのことをしっかり踏まえようとしたのである。

「朕自ら近衛師団を率ひ、此が鎮定に当らん」

（昭和一一・一九三六年）

満洲事変は一段落したが、天皇の心は休まらなかった。一九三二年には五・一五事件で犬養毅首相が暗殺され、一九三五年には天皇機関説問題で天皇も支持する憲法学者・美濃部達吉の学説が排除されるなど、国内は安定しなかった。そのなかでも、一九三六年の二・二六事件は最大の危機のひとつだった。

天皇はこの事件で怒りを露わにした。いや、露わにせざるをえなかった。東京の中心部をクーデタ軍に占拠される異常事態に、天皇は感情をむき出しにするほかなかったのである。ここまでの激怒、憤慨の連続は、あとにもさきにもみられなかった。

時系列でたどってみてみよう。二月二六日の早暁、在京の陸軍部隊約一五〇〇名が、突如として侍従長官邸、首相官邸、内大臣私邸、蔵相私邸、教育総監私邸などを襲撃し、警視庁、陸相官邸などを占拠した。陸軍の青年将校によるクーデタだった。

この襲撃により、高橋是清蔵相、斎藤実内大臣、渡辺錠太郎教育総監が殺害され、鈴木貫太郎侍従長が重傷を負うなどした。なお岡田啓介首相は、義弟の松尾伝蔵首相秘書が身代わりとなって無事だった。

青年将校たちは岡田内閣を打倒し、新政権の樹立を図った。陸軍中央の一部もこの動きに同調的だった。ところが、天皇はこうした動きに一貫して抗った。新政権樹立の進言もすべて拒絶し、なんども鎮圧を督促した。

同日、本庄繁侍従武官長に心配顔で、

岡田啓介首相。海軍出身。連合艦隊司令長官、海相などを歴任した。

早く事件を終熄せしめ、禍を転じて福と為せ。

と指示し、後藤文夫首相代理にも、

速かに暴徒を鎮圧せよ。秩序回復する迄職務に励精すべし。

と指示した。信頼する臣下を襲撃・殺害されて、天皇は憤っていた。青年将校たちの美文調の「蹶起《けっき》趣意書」を聞かされてもその考えを変えず、むしろ倒された「老臣」を惜しんだ。二七日、本庄にこう語った。

朕が股肱の老臣を殺戮す。此の如き兇暴の将校等、其精神に於ても何の恕《じょ》すべきものありや。
朕が最も信頼せる老臣を悉く倒すは、真綿にて、朕が首を締むるに等しき行為なり。

それなのに、陸軍は依然として青年将校らに同調的で、なかなか鎮圧に移ろうとしなかった。そばに控える本庄でさえそうだった。天皇は気が気でなく、ついに、

朕自ら近衛師団を率ひ、此が鎮定に当らん。

とまで発言した。二八日にも、

朕自ら近衛師団を率ひて現地に臨まん。

と、似たような発言を行なった。天皇の態度は終始徹底していた。陸軍もようやく重い腰を上げて鎮圧へと動き出したが、それでもなお同情論がくすぶっていた。同日、川島義之陸相と山下奉文《ともゆき》陸軍省軍事調査部長より、首謀者たちを自決させるので勅使を遣わして「死出の光栄」を与えて欲しいとの申し出が、本庄を介してあった。天皇はこれに非常に不満で、

自殺するならば勝手に為すべく、此の如きものに勅使抔《など》、以ての外なり。

と叱責した。さらに堀丈夫第一師団長が部下の兵を討ちがたいと発言しているとの報告を受けるや、

師団長が積極的に出づる能はずとするは、自らの責任を解せざるものなり。直ちに鎮

定すべく厳達せよ。

と指示した。その怒り方は、これまでになく激しかったと本庄は記録している。これにたいして同日、危機を脱した岡田首相が参内すると、天皇は、

よかった。

との声をかけ、その自決などを心配して、広幡忠隆侍従次長に、

岡田は非常に恐縮して興奮しているようだ。周囲のものが、よく気をつけて、考えちがいのことをさせぬように。

と語った。青年将校への態度との対比が鮮やかだった。

結局、「叛乱軍」と認定されたクーデタ軍は、翌二九日になって鎮圧された。下士官兵は帰順し、青年将校たちは逮捕された。二・二六事件はこれで終結した。天皇もこれでや

っと安堵した。
陸軍中央に青年将校たちへの同調・同情が広がるなか、天皇まで新政権の樹立に同意していたばあい、まったく違った歴史が展開したかもしれない。天皇の断々乎たる態度は、この事件に決定的な影響を及ぼした。
三月一〇日、天皇は今回の事態を受けて、新任の寺内寿一陸相に訓戒の言葉を与えた。その際、自分の考えを盛り込むようにとくに希望した。本庄の筆記にはつぎのようにみえる。

最も信頼せる股肱たる重臣及大将を殺害し、自分を真綿にて首を締むるが如く苦悩せしむるものにして、甚だ遺憾に堪へず。而して其行為たるや、憲法に違ひ、明治天皇の御勅諭にも悖り、国体を汚し、其明徴を傷つくるものにして、深く之を憂慮す。此際、十分に粛軍の実を挙げ、再び斯る失態なき様にせざるべからず。

「真綿にて首を締むる」の表現は、二月二七日の発言にもあった。それ以下も陸軍にたいしてかなり厳しい言葉だった。「明治天皇の御勅諭」とは、「軍人勅諭」の「世論に惑はず政治に拘らず」「下級のものは上官の命を承ること、実は直に朕が命を承る義なりと心得よ」あたりを指すのだろう。
もっとも、天皇の希望はそのまま採用されず、じっさいにはつぎのような言葉が与えられた。

近来陸軍に於て屢々不詳なる事件を繰り返し、遂に今回の如き大事を惹き起すに至りたるは、実に勅諭に違背し、我国の歴史を汚すものにして、憂慮に堪へぬ所である。就ては、深く之が原因を探求し、此際部内の禍根を一掃し、将士相一致して各々其本務に専心し、再びかゝる失態なきを期せよ。

天皇特有の言葉づかいが削除され、「国体を汚し」も「歴史を汚す」などとトーンが弱められた。ほぼ同じ分量なので違いがわかりやすい。これは天皇本人の意向がどのように反映されるか、比較できる珍しいケースだった。

「あちこちと拡大する事は万事困ることになる」

（昭和一二・一九三七年）

二・二六事件が収まったと思いきや、一九三七年の七月七日、今度は北京郊外の盧溝橋近くで日中両軍が衝突した。これは日本軍の謀略ではなく、偶然の衝突だった。ただ、中央と現地との意思疎通が十分でなかったこともあり、見る見るうちに戦火は広がり、やがて日中間の全面的な戦争に発展していった。

当時の称で北支事変。のち上海にも戦線が広がって、支那事変。今日でいうところの日中戦争である。当時事変といったのは、宣戦布告を行なうとアメリカの「中立法」に触れ、同国からの軍需品輸入に支障が出ると考えられたからだった。だが、一一月には大本営が設置されるなど、事変は事実上の戦争にほかならなかった。

しかるに、天皇もはじめはここまで拡大すると思っていなかった。七月八日、天皇は葉山御用邸で宇佐美興屋《おきいえ》侍従武官長より軍事衝突の報告を受けた。それでも、よくあることと思ったらしく、そのまま海岸へ水泳に向かった。予定を切り上げて東京に戻ったのは、一二日のことだった。

満洲事変のときと同じく、このときも天皇の言葉は揺れた。たしかに戦争はやらないほうがよい。ただ、防衛のために反撃することも、それで戦線が広がることもやむをえない。八月六日には、

出来るだけ交渉を行ひ、纏らざれば止むを得ず戦ふの外なし。

と述べ、同月一二日にも、

もう、こうなつたら止むを得んだらうな。

と述べた。中国が相手であれば、国が滅びることはあるまい。アメリカやイギリス、ソ連の場合にくらべ、明らかに言葉のトーンが違うのは、このような考えが背景にあったからかもしれない。

むしろ天皇は、財政上の負担や、それによる軍備や経済の停滞を心配していた。八月一八日、軍令部総長の伏見宮博恭王に、

今度の事変は、北支のみなりしが上海にも事起り、将来は或は又青島にも事起るやも知れず。あちこちと拡大する事は万事困ることになる。何とか早く目的を達し、事態収拾の要あり。北支上海両方でなく、一先づ一方に主力を注ぎ、打撃を与へた上、平和条件を出すか、先方より出さす。［中略］一日も速に収る事が必要にして財政上の負担大にして、陸軍の五年計画、海軍の第三次計画にも影響あるのみならず、経済上に妨害多し。支那より償金の取れる当もなく長引く事は不利。

軍令部総長・伏見宮博恭王。やはり皇族出身だった参謀総長とともに、宮様総長と呼ばれた（『皇室画報』より）。

と述べたことでもそれがわかる。あ

ちこち戦線を拡大しても、いいことはなにもない。天皇は、兵力を分散せず、一箇所に集中させて中国軍に痛打を与え、それで一気に講和せよとの考えだった。

だが、現実にはそううまくいかなかった。一二月に首都南京を攻略したが、中国に過大な要求を突きつけたこともあって、和平にいたらなかった。日本は力で中国を屈服させようと、内陸部に攻め込み、泥沼にはまり込んだ。こうして兵力と国力は果てしなく消耗していった。日本は気づかないうちに破滅の道を歩みつつあった。

「今後は朕の命令なくして一兵だも動かすことはならん」

（昭和一三・一九三八年）

天皇はじっさい、中国よりもソ連を恐れていた。中国の軍事力は知れている。だが、大国のソ連はそうではない。満洲、樺太、朝鮮とは陸続きであり、いつ南下してくるかわからなかった。天皇は、日中戦争のさなかにも、ソ連の危険性をしきりに指摘していた。

そのため、一九三八年七月に張鼓峰事件が起こると、天皇は敏感に反応した。張鼓峰事件は、満洲国とソ連の東部国境で発生した日ソ間の軍事衝突である。天皇は全面戦争を恐れて、かたくなに兵力使用を許可しなかった。

天皇は、独断専行を繰り返す陸軍に苦り切っていた。同月二〇日、板垣征四郎陸相がこの件で拝謁を願い出ても、つぎのような意味の言葉で断った。

もし万一武力行使を許せといふやうなことで来るのならば、自分はどこまでも許す意思はない。さういふことで来るのならば、来なくても宜しい。

それでも板垣がどうしてもというので、仕方なく時間を作った。天皇は、関係大臣との連絡はどうかと訊ねた。外相も海相も兵力使用には反対だと知っていたので、間接的に拒否しようとしたわけである。

ところが板垣は、「[両大臣とも]賛成致しました」と答えた。これが天皇の逆鱗に触れた。「自分をだますのか」と思ったのだ。

元来陸軍のやり方はけしからん。満洲事変の柳条溝《ママ》の場合といひ、今回の事件の最初の盧溝橋のやり方といひ、中央の命令には全く服しないで、たゞ出先の独断で、朕の軍隊としてはあるまじきやうな卑劣な方法を用ひるやうなこともしば〳〵ある。まことにけしからん話であると思ふ。このたびはそんなやうなことがあつてはならんが……。

今後は朕の命令なくして一兵だも動かすことはならん。

天皇は多少興奮の面持ちで、こう一気にまくしたてた。天皇の不満は明らかだった。陸軍は、中央の命令に従わないで、出先の独断で事件を起こす。しかも卑怯な謀略まで行なう。まったくけしからん――。

板垣は六月に陸相に就任したばかりだったが、天皇の怒気を前にしてさすがに辞意を漏らした（結局辞任せず）。

ただし、これで止まる陸軍ではなかった。七月末、現地の陸軍部隊は張鼓峰一帯を占領し、反撃してきたソ連軍と戦闘状態に入った。八月一一日に停戦協定が結ばれるまで、やはり兵力使用に及んでしまったのだった。

陸軍にたいする天皇の不信感は募るばかりだった。明くる一九三九年五月に起こったノモンハン事件でも、同様のことが生じた。こちらは、満洲国とモンゴルとの国境で起きた日ソ間の軍事衝突だった。その規模は張鼓峰事件を遥かにしのぎ、日本の第二三師団が壊滅するなど、同年九月まで激烈に争われた。

天皇は六月二四日、閑院宮参謀総長にこう不満を漏らした。

満洲事変の時も陸軍は事変不拡大といひながら彼の如き大事件となりたり。

ただ、極め付きは、七月五日の板垣陸相にたいする対応だった。天皇は板垣をよく思っておらず、ここでも不満を爆発させた。

人事に関しても山下［奉文］、石原［莞爾］の栄転の如き意に満たざる点あり。又寺内大将の派独の如き、彼より招待ありたれば派遣すと単に申せば宜しきに、防共枢軸の強化の為といふ如き元来あまり好まざる事を強調する等頗《すこぶる》意を得ざるものあり。これより自然防共協定の話が出で、外務大臣の言と反するが如き、従てこれを詰る如き従来の言動あり。畢竟陸軍の教育があまり主観的にして客観的に物を観んとせず、元来幼年学校の教育が偏頗しある結果にして、是独逸流の教育の結果にして、手段を撰ばず独断専行をはき違へたる教育の結果に外ならず。つい少し云ひ過ぎたる次第なるが、板垣の能力まで進みたる次第なり。

天皇の言葉は、個々の軍人や政策への不満にはじまり、陸軍の体質や教育への批判にまで及んだ。山下や石原のように、軍の統制を軽んじるものを栄転させるのか。結論ありきのドイツとの防共協定強化も認めがたい。そもそも陸軍の教育は、客観性に欠け、独断専行を履き違えている。そして天皇は、板垣の能力（不足）まで指摘した。このときの拝謁は二時間に及んだというから、じっさいはもっと不満・批判があったのだろう。ちなみに、別の記録では板垣をたしなめて、

どうも頭が悪いぢやないか。

とまで発言したとされる。これで板垣はまたもや辞意を漏らした（そしてまたも結局辞

任せず)。

天皇の陸軍不信は深刻だった。同年八月二三日、独ソ不可侵条約が結ばれると、陸軍出身の畑俊六侍従武官長にこうも漏らした。

　これで陸軍が目ざめること、なれば却って仕合せなるべし。

同条約の衝撃で平沼騏一郎内閣が総辞職すると、天皇はこれを機に、みずから陸軍の刷新に乗り出した。具体的には、八月二八日、新首相に就任する阿部信行にたいして後任の陸相を指名した。これはきわめて異例のことだった。

　どうしても梅津[美治郎《よしじろう》]か畑[俊六]を大臣にするやうにしろ。たとへ陸軍の三長官が議を決して自分の所に持つて来ても、自分にはこれを許す意思はない。なほ政治は憲法を基準にしてやれ。外交は英米を利用するのが日本のためにはいゝと思ふ。それからこの際であるから、殊に内務、司法、外務、大蔵の閣僚の選任については、自分は深く関心を持つ。

天皇は、陸相候補に磯谷《いそがい》廉介や多田駿《はやお》の名前があがっても、激しい言葉でこれを拒否した。また板垣のような人物が来ても困ると思ったのだろう。しかも外交方針にまで言及するという念の入れようだった。天皇も、長引く戦争のなかでもがき苦しんでいた。

「支那の奥地が広いと言ふなら、太平洋はなほ広いではないか」

（昭和一六・一九四一年）

だがしかし、日本の政治は天皇の意向とは別の方向に動いていった。一九四〇年六月、第二次世界大戦でフランスがドイツに降伏したことを受けて、日本はフランス領インドシナ（仏印）の北部に進駐した。蔣介石政権への支援ルート（援蔣ルート）のひとつを遮断するなどのためだった。同年九月には、日独伊三国同盟も結ばれてしまった。

天皇はその締結前後に、再登板した近衛文麿首相に内意を伝えた。

この条約は、非常に重大な条約で、このためアメリカは日本に対してすぐにも石油やくず鉄の輸出を停止するだろう。そうなったら、日本の自立はどうなるか。このののち長年月にわたって、たいへんな苦境と暗黒のうちにおかれることになるかもしれない。その覚悟がおまえにあるか。

果たして、その危惧は現実のものとなった。アメリカは九月に屑鉄の対日禁輸を発表した。一九四一年に入り日米交渉が開始されたが、両国の歯車はうまく嚙み合わなかった。七月、日本は南部仏印に進駐した。アメリカはこれに対抗するに、在米日本資産の凍結と石油の禁輸をもってした。

後者は、日本にとってとくに命取りだった。石油がなければ、戦車も軍艦も飛

近衛文麿首相。五摂家筆頭の家柄で若くして首相に就任するも、優柔不断で日中戦争後の非常時をうまく切り盛りできなかった。

行機も動かず、戦争にならない。それなのに、日本は自前で十分な石油量を確保できていなかった。国内の備蓄は日々減っていく。このままでは座して死を待つほかない。その前に、一挙アメリカを叩くしかない。こうして対米開戦との選択肢が急速に台頭した。天皇は困惑したが、もはや覆水盆に返らずだった。

九月五日、「帝国国策遂行要領」が閣議決定された。「帝国は自存自衛を全うする為対米、(英、蘭)戦争を辞せざる決意の下に概ね十月下旬を目途とし戦争準備を完整す」などとする内容だった。天皇は、近衛首相よりこれを議題とする御前会議の開催を求められると、

これを見ると、一に戦争準備を記し、二に外交交渉を掲げてゐる。何だか戦争が主で外交が従であるかの如き感じを受ける。

と不安を述べ、統帥部からの意見聴取を希望した。そこで、あらためて近衛首相、杉山元《はじめ》参謀総長、永野修身《おさみ》軍令部総長が参内した。天皇はここで率直に疑問を投げかけた。

日米事起らば、陸軍としては幾許の期間に片づける確信ありや。

杉山は「南洋方面だけは三箇月位にて片づけるつもりであります」と答えた。すると天皇は、ずばりこう切り返した。

汝は支那事変当時の陸相なり。その時、陸相として「事変は一箇月位にて片づく」と申せしことを記憶す。しかるに四箇月の長きに亙り、未だ片づかんではないか。

杉山は恐懼して「支那は奥地が開けてをり、予定通り作戦し得ざりし事情」をくどくどと弁明した。天皇は大きな声を上げた。

支那の奥地が広いと言ふなら、太平洋はなほ広いではないか。如何なる確信あつて三箇月と申すか。

これには杉山も答えがなかった。隣の永野が、病人の譬えで助け舟を出した。日本は瀕死の病人である。手術すると大きな危険をともなうが、このままでは衰弱を待つほかない。

したがって、思い切って手術しなければならない、と。

以上は近衛の手記にもとづくが、杉山側の記録では叱責の部分が欠落している。さすがに恥ずかしいと思ったのだろうか。杉山は「今日も陛下に叱られた」とじつに「しゃーしゃー」としていたというから、気にも留めていなかったのかもしれない。その代わり、杉山側の記録にはこんなやり取りが記されている。天皇は大声で問うた。

絶対に勝てるか。

これに永野が、「絶対とは申し兼ねます」「日本としては半年や一年の平和を得ても、続いて国難が来るのではいけないのであります。二十年、五十年の平和を求むべきであると考えます」と答えた。天皇はふたたび大声で、

あゝ、分つた。

と述べた。結局、翌六日の御前会議で「帝国国策遂行要領」は可決された。ただ、まさ

に会議が終わろうとするとき、天皇が異例の発言を行なった。天皇は、平沼騏一郎枢密院議長の質問（「外交よりむしろ戦争に重点がおかれる感あり、政府、統帥部の趣旨を明瞭に承りたし」）に、杉山と永野が答弁しなかったことを批判した上で、明治天皇の御製を読み上げた。

よもの海みなはらからと思ふ世になど波風のたちさはぐらむ。

そして、こう付け加えた。

余は常にこの御製を拝誦して、故大帝の平和愛好の御精神を紹述せんと努めてをるものである。

第二章で触れたとおり、昭和天皇はこれで戦争回避の意向を示したと考えられている。だが、明治天皇の御製がいつ作られたかによってその意味合いは変わってこざるをえない。日露開戦決定の御前会議を受けて作られたのだとすれば、「やむをえない」の開戦ゴーサインの御製ともなりうる。もっとも、『昭和天皇独白録』などをみてもわかるとおり、昭和天皇はあくまで平和への意志を示そうとしたようである。

その意を汲んで、永野が「外交を主」とすると答え、杉山もこれに同意した。かくて御前会議は未曽有の緊張のもとに散会した。

「虎穴に入らずんば虎児を得ずと云ふことだね」

（昭和一六・一九四一年）


さはさりながら、日米交渉はやはりまとまらなかった。第三次近衛内閣は総辞職し、一九四一年一〇月一八日、東条英機内閣が成立した。陸軍を抑えるためには、陸軍の有力者を首班に指名するしかないとの考えだった。

天皇は同月二〇日、この人事について木戸幸一内大臣に、所謂《いわゆる》虎穴に入らずんば虎児を得ずと云ふことだね。

と述べた。もっとも、東条は天皇の覚えがめでたかった。平気で嘘をつく板垣征四郎や、叱責されても「しゃーしゃー」としている杉山元にくらべ、東条は天皇に忠勤をこれ努めた。太平洋戦争中の行動から、東条については独裁者のようなイメージがいまだに存在するが、天皇の人物評はまったく別だった。

『昭和天皇独白録』には、そんな天皇の考えが記されている。

東条英機首相。就任時、陸相と内相を兼任した。その忠勤ぶりから天皇に信頼された。

元来東条と云ふ人物は、話せばよく判る。それが圧制家の様に評判が立つたのは、本人が余りに多くの職をかけ持ち、忙しすぎる為に、本人の気持が下に伝らなかつたこと、又憲兵を余りに使ひ過ぎた。

それに、田中隆吉とか富永《ママ》［恭次］次

官とか、兎角評判のよくない且部下の抑へのきかない者を使つた事も、評判を落した原因であらうと思ふ。〔中略〕

東条は一生懸命仕事をやるし、平素云つてゐることも思慮周密で中〻良い処があつた。

たいへんな寵愛ぶりだった。ただ、いかに東条が天皇の意向に沿おうとしても、この段階では限界があった。日本は新たに甲案と乙案を示して交渉に臨んだが、アメリカは応じず、一一月二七日、中国と仏印からの撤兵などを求める「ハル・ノート」を逆に提示してきた。これで万事休すだった。ついに、一二月一日の御前会議で、同月八日に武力発動を行なうと決定された。

これにかんして、天皇は絶対的な力をもっていたのだから、戦争を止めようと思えば止められたのではないかとの指摘が存在する。じっさいに、終戦のときに「ご聖断」を下したではないか、というわけだ。

『昭和天皇独白録』で、天皇はこう弁解している。

陸海軍の兵力が極度に弱つた終戦の時に於てすら無条件降伏に対し「クーデター」様

のものが起つた位だから、若し開戦の閣議決定に対し私が「ベトー［拒否］」を行つたとしたらば、一体どうなつたであらうか。［中略］
開戦当時に於る日本の将来の見透しは、斯くの如き有様［このままでは座して死を待つほかない］であつたのだから、私が若し開戦の決定に対して「ベトー」したとしよう。国内は必ず大内乱となり、私の信頼する周囲の者は殺され、私の生命も保証出来ない、それは良いとしても結局狂暴な戦争が展開され、今次の戦争に数倍する悲惨事が行はれ、果ては終戦も出来兼ねる始末となり、日本は亡びる事になつ［た］であらうと思ふ。

たとえ天皇が拒否しても、軍部は天皇を抹殺してでも開戦に突き進んだだろうというのである。

『昭和天皇独白録』は、東京裁判の開廷を前に作られた。そのため、責任回避の弁明書だとの批判も少なくない。ただ、天皇はこれまでさんざん軍部（とくに陸軍）に手を焼かされてきた。まして開戦のケースは、二・二六事件などと違って、政府・軍部が一致して裁可を求めていた。その上、陸海軍とも綿密な作戦計画を立てていた。天皇はこれらをすべて退け続けることができたのだろうか――。たんなる弁解の言葉として切って捨てることもできまい。

「豈朕が志ならむや」

（昭和一六・一九四一年）

開戦となれば、これまでのように宣戦の詔書が必要となってくる。「米国及英国に対する宣戦の詔書」は、つぎの流れで作成された。

まず、稲田周一内閣官房総務課長が、日清・日露戦争の宣戦詔勅と陸海軍当局による開戦名目案を参考にして、叩き台を作った。つぎに、星野直樹内閣書記官長、武藤章陸軍省軍務局長、岡敬純《たかずみ》海軍省軍務局長、山本熊一外務省アメリカ局長などが、その内容について審議を行なった。そのなかで、天皇や東条などの意向が反映された。そして最後に、漢学者の川田瑞穂内閣嘱託や吉田増蔵宮内省御用掛が、細かい語句の修正などを行なった。

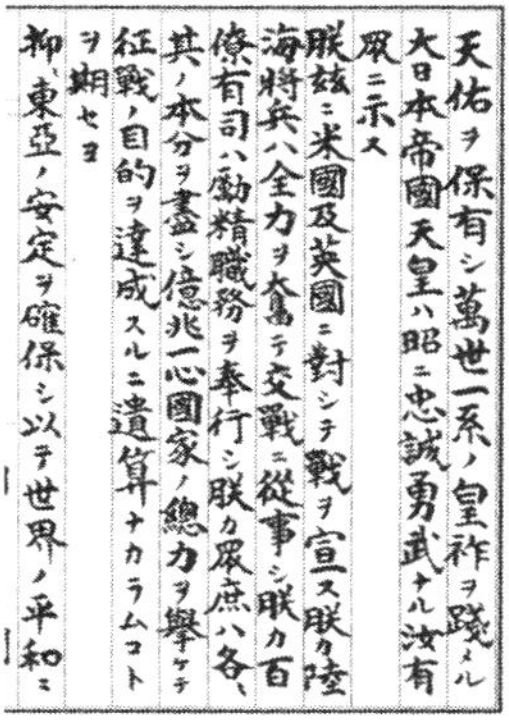

天佑ヲ保有シ萬世一系ノ皇祚ヲ踐メル
大日本帝國天皇ハ昭ニ忠誠勇武ナル汝有
衆ニ示ス
朕茲ニ米國及英國ニ對シテ戰ヲ宣ス朕カ陸
海將兵ハ全力ヲ奮テ交戰ニ從事シ朕カ百
僚有司ハ勵精職務ヲ奉行シ朕カ衆庶ハ各〻
其ノ本分ヲ盡シ億兆一心國家ノ總力ヲ擧ケテ
征戰ノ目的ヲ達成スルニ遺算ナカラムコト
ヲ期セヨ
抑〻東亞ノ安定ヲ確保シ以テ世界ノ平和ニ

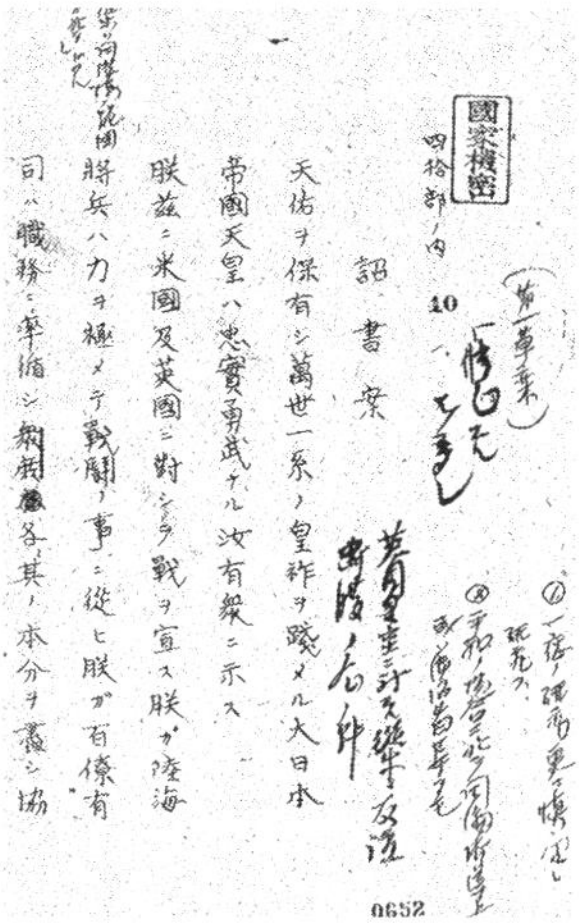

國家機密
四拾部ノ内 10
（第一草案）
詔書案
天佑ヲ保有シ萬世一系ノ皇祚ヲ踐メル大日本
帝國天皇ハ忠實勇武ナル汝有衆ニ示ス
朕茲ニ米國及英國ニ對シテ戰ヲ宣ス朕カ陸海
將兵ハ力ヲ極メテ戰鬪ノ事ニ從ヒ朕カ百僚有
司ハ職務ニ奉循シ　其ノ本分ヲ盡シ協
0652

「米国及英国に対する宣戦の詔書」の第一草案（右）と署名原本（アジア歴史資料センター）。

もちろん問題は、天皇の意向の部分である。とまれ、その前に全文をみておこう。勘のいい読者は、これまでの宣戦詔勅との違いに気づくかもしれない。これまで三つの宣戦詔勅の全文を掲げてきたゆえんも、じつにこの比較にこそあった。

天佑を保有し、万世一系の皇祚を践める大日本帝国天皇は、昭に忠誠勇武なる汝有衆に示す。

朕、茲に米国及英国に対して戦を宣す。朕が陸海将兵は、全力を奮て交戦に従事し、朕が百僚有司は、励精職務を奉行し、朕が衆庶は、各々其の本分を尽し、億兆一心国家の総力を挙げて、征戦の目的を達成するに遺算なからむことを期せよ。

抑々東亜の安定を確保し、以て世界の平和に寄与するは、丕顕《ひけん》なる皇祖考、丕承なる皇考の作述せる遠猷にして、朕が拳々措かざる所、而して列国との交誼を篤くし、万邦共栄の楽を偕にするは、之亦帝国が常に国交の要義と為す所なり。今や不幸にして、米英両国と釁端を開くに至る。洵に已むを得ざるものあり。豈朕が志ならむや。中華民国政府、曩に帝国の真意を解せず、濫に事を構へて東亜の平和を攪乱し、遂に帝国をして干戈を執るに至らしめ、茲に四年有余を経たり。幸に国民政府更新するあり、帝国は之と善隣の誼を結び、相提携するに至れるも、重慶に残存する政権は、米英の庇蔭を恃みて兄弟尚未だ牆に相鬩《せめ》ぐを悛めず。米英両国は残存政権を支援して、東亜の禍乱を助長し、平和の美名に匿れて、東洋制覇の非望を逞うせむとす。剰へ与国を誘ひ、帝国の周辺に於て武備を増強して我に挑戦し、更に帝国の平和的通商に有らゆる妨害を与へ、遂に経済断交を敢てし、帝国の生存に重大なる脅威を加ふ。朕は政府をして事態を平和の裡に回復せしめむとし、隠忍久しきに弥りたるも、彼は毫も交譲の精神なく、徒に時局の解決を遷延せしめて、此の間却つて益々経済上軍事上の脅威を増大し、以て我を屈従せしめむとす。斯の如くにして推移せむか、東亜安定に関する帝国積年の努力は悉く水泡に帰し、帝国の存立亦正に危殆に瀕せり。事既に此に至る。帝国は今や自存自衛の為、蹶然起つて一切の障礙を破砕するの外なきなり。皇祖皇宗の神霊上に在り。朕は汝有衆の忠誠勇武に信倚し、祖宗の遺業を恢弘し、速に禍根を芟除して、東亜永遠の平和を確立し、以て帝国の光栄を保全せむことを期す。

【大意】

天の助けを受け、万世一系の皇位を継ぐ大日本帝国天皇は、忠義の心が厚く勇ましく強いお前たち臣民に示す。

朕は、ここにアメリカとイギリスに宣戦を布告する。朕の陸海軍人は全力を出して戦いにあたり、朕の官公吏は精を出して職務に励み、朕の人民はそれぞれその務めを果たし、全員が一心となって、戦争の目的を達成するにあたって手抜かりがないようにせよ。

そもそも、東アジアの安定を確保し、それによって世界の平和に寄与することは、偉大なる明治天皇が作られ、その偉大さをお継ぎになった大正天皇が伝えられた遠大な構想であって、朕がなおざりにせず、大事にしているところである。そして、外国との交流を深め、すべての国がともに栄える喜びを分かち合うことは、日本がつねに外交のもっとも重要な筋道とするところである。いまや不幸にして、アメリカ・イギリス両国と戦端を開くにいたった。これはまことにやむをえないものであって、けっして朕の本意ではない。中華民国政府はさきに日本の真意を理解せず、無意味にことを構えて東アジアの平和をかき乱し、ついに日本が武器を取らざるをえない事態にいたらせ、ここに四年あまりがすぎた。幸いにして国民政府が新しくなったので、日本はこれと友好の交わりを結び、互いに協力するにいたったものの、重慶に残存する［蔣介石］政権は、アメリカ・イギリスの支援を頼って、アジアの兄弟同士が相争う状態を改めない。

アメリカ・イギリス両国は、重慶の残存政権を支援して、東アジアの混乱を助長して、平和の美名に隠れて、東洋を制覇しようとする野望をめぐらせている。それに加えて、友好国を誘って、日本の周辺において軍備を拡張し、わが国に挑戦し、さらに日本の平和的な通商活動にたいしてあらゆる妨害を加えて、ついには経済断交まで行ない、日本の生存に大きな脅威を加えている。朕は、政府に事態を平和のうちに収束させようとし、長らく我慢をしてきたが、かの国々はまったく譲る心がなく、無意味に問題の解決を先延ばしにして、そのあいだに、かえってますます経済上・軍事上の脅威を増大させ、そうすることでわが国を屈服させようとしている。このまま推移すれば、東アジア安定に関する日本の長年の努力はすべて水の泡になり、日本の存続もまた危うい。ことはもはやここまできてしまった。日本はいまや自存自衛のために心を決めて立ち上がり、あらゆる障害を突破する以外になくなった。

皇室の始祖より世々の天皇までのみ霊はわれわれの上にある。朕はお前たち臣民の忠義の心が厚く、勇ましく強い点に頼って、祖先がお遺しになったつとめを世に広め、ただちに混乱の根を刈り取って、東アジアに永遠の平和を確立し、そうすることで、帝国の栄光を守ろうと決心している。

天皇は詔書案にかんして、ふたつの意見を示した。ひとつは、詔書全体について。これはつぎのような趣旨だった。

日英の開戦は、従来明治天皇以来の親密な関係から特に忍びないところである。なお、自分自身も皇太子として渡英し、非常な優遇を受け親交を重ねている。何とかこの気持を詔書に表現して貰いたい。

この言葉は、東条を介して起草メンバーに伝えられた。それが「豈朕が志ならむや」となって結実した。また「洵に已むを得ざるものあり」という言葉も付け加えられた。さすがにイギリスを名指しにできないので、漠然としたかたちで示されたのだろう。なお「豈朕が志ならむや」は、日露戦争の宣戦詔勅にもみえる言葉である（「大東亜戦争宣戦詔書草稿綴」）。

もうひとつは、国際法遵守の文言について。日清・日露戦争（そして第一次世界大戦も）の詔勅では、「苟も国際法に戻らざる限り」「凡そ国際条規の範囲に於て」などの文句が入っていた。天皇はこの欠落の理由を問うたのである。これについては、マレー半島の攻略時に中立国のタイに進駐しなければならず、国際法を破ることになるので、書かれなかった（あまりに当たり前なので、書かれなかったとの証言もある）。

なお末尾の「帝国の光栄を保全せむことを期す」は、最終段階で「皇道の大義を中外に宣揚せむことを期す」から修正された。「全く陛下の御思召に反する」との木戸内大臣の意向であったという。また「皇祖皇宗の神霊上に在り」は、徳富蘇峰の意見を受けた東条英機の希望で付け加えられた。

そして、一二月八日。日本軍はマレー半島に上陸し、またハワイ真珠湾を空襲した。午前七時、対米英開戦を告げる大本営発表が放送され、正午、この「米国及英国に対する宣戦の詔書」の朗読が放送された。

ついに、矢は弦を離れたのである。

「余り戦果が早く挙り過ぎるよ」

（昭和一七・一九四二年）


開戦するや、日本軍は予想を上回る快進撃をみせた。マレー、真珠湾はもとより、香港、フィリピン、グァム、ウェーキに凱歌を揚げ、まさに旭日昇天の勢いをみせた。一二月一二日、この戦争は、従前の支那事変とあわせて大東亜戦争と呼称されることとなった。本書では、アジア太平洋戦争との呼称を便宜的に採用しておく。

天皇は緒戦に臨み、二種類の言葉を発した。ひとつは、戦争の行く末を心配する言葉、

もうひとつは、予想外の快進撃を素直に喜ぶ言葉だった。一二月八日、木下通雄帝室会計審査局長官に、

真珠湾の緒戦には幸い成功したが……ね。

と、きわめて沈痛な様子でいうこともあれば、同月二五日、香港があっけなく陥落すると、小倉庫次侍従に、

平和克復後は南洋を見たし。日本の領土となる処なれば支障なからむ。

と、早くも戦後の構想を語りかけることもあった（「小倉庫次侍従日記」）。天皇は、戦況に強い関心があり、統帥部にいささか神経質なほど質問を繰り返した。これは、少なくとも表では泰然自若としていた明治天皇とは大きく異なっていた。

一九四二年一月中からいくつか抜き出してみても、

南方作戦は既定計画より相当進度が早きようなるが、計画を修正する必要はないか〔六日〕。

クーパンは航空基地として重視せらるるとのことだが、蘭印軍、豪州軍と衝突することにならぬか〔一五日〕。

メルシン上陸はなぜ止めたのか。シンゴラは何時上陸の運びとなるのか。バタン半島の攻略のため現兵力で十分なのか〔二二日〕。

第十五軍にあとで増加すべき兵団の二個師団とはどれであるか。またその兵力は作戦に間に合うか。更にラングーン〔現・ヤンゴン〕占領は何時ごろになるのか〔二二日〕。

シンガポール攻略は、近衛、第五および第十八師団の一部にて実現可能と考えるか〔二三日〕。


といった具合である。ただ、こうした心配をよそに、同年一月にはマニラ、二月にはシンガポール、三月にはラングーンが陥落した。同月にはオランダ領東インド諸島（蘭印）の全占領もなり、フィリピンのバターン半島など一部で戦闘は続いていたものの、開戦前の杉山参謀総長の言どおり、南洋方面は約三ヶ月で片が付いた。

気持ちが大きくなったのか、天皇は三月九日、木戸内大臣にニコニコ顔で、

余り戦果が早く挙り過ぎるよ。

と満足の意を示した。そのため四月、米空母部隊による日本本土への初空襲を受けても(ドーリットル空襲)、天皇は動揺しなかった。また五月、珊瑚海海戦で日本海軍が過大な戦果を計上しても、疑う様子をみせなかった。むしろ同月八日に、永野軍令部総長に余裕の発言を行なった。

戦果大に良かつた。弱つた敵を全滅することに手ぬかりはないだらうね。〔中略〕斯る場合には敵を全滅せざる可らず。

この傾向は、六月のミッドウェー海戦でも続いた。日本海軍はこの海戦で、主力空母四隻や数多くのベテランパイロットを失った。大本営発表で国民に損害を隠さなければならないほど、手酷い敗北だった。だが、天皇は同月七日、永野より真相を聞いても、取り乱

さなかった。

之により士気の沮喪を来さゞる様に注意せよ。尚、今後の作戦消極退嬰とならざる様にせよ。

ここにいたっても、天皇はなお楽観的だった。だが、それも長く続かなかった。太平洋戦争のターニングポイントは間もなく訪れようとしていた。

「ガダルカナルはなんとかせねばならぬではないか」

（昭和一七・一九四二年）

つぎなる主戦場は、南太平洋に浮かぶ英領ソロモン諸島のガダルカナル島だった。

一九四二年七月、日本軍は、米豪間の交通遮断をめざして、同島に上陸して飛行場を建設した。アメリカ軍はこれを察知し、翌月海兵隊を送り込んで完成間近の飛行場を奪い取った。不意をつかれた日本軍は、これを取り返そうとつぎつぎに兵力を送り込み、ここに同島をめぐる日米の激戦がはじまった。

日本軍は、アメリカ軍を見くびって兵力を小出しにした。そのため、消耗を繰り返して戦果を十分にあげられなかった。そのうち遠い戦場への補給も重荷になり、艦船の損害も積み重なった。

天皇はガダルカナル島の苦戦を気にして、八月から九月にかけて、杉山参謀総長にしきりに質問を投げかけた。

ガダルカナルはなんとかせねばならぬではないか。
ガ島は持てる見込か。

「断じて確保できる」などとの統帥部の説明に反して、戦局はいっこうに好転せず、天皇にも焦りの色がみえはじめた。八月二八日、鮫島具重侍従武官にこう漏らした。

近頃我戦果揚らざる傾向あるが如何。

天皇は、それでもガダルカナル島の奪還を期待した。一〇月二九日、南太平洋海戦にかんする勅語を出したときにも、そのことを含ませたほどだった。すなわち、永野軍令部総長に語っていわく、

今次海戦にて海軍は戦果挙りしも、未だ米艦隊多数残存し、又「ガ」島は未だ奪回されあらず。益々奮励すべきことを勅語の後段に含ましあるぞ。

しかしながら日本軍は、制海権と制空権の確保もままならなかった。そのため、約三万一〇〇〇名もの兵力をつぎつぎにガダルカナル島に投入したにもかかわらず、弾薬や食糧の補給さえ満足にできなかった。その結果、約二万名もの兵力をいたずらに失ってしまった。そのうち四分の三が餓死や戦病死だった。これにたいして米軍の戦死者は約一六〇〇名。日本軍の惨敗は明らかだった。

一二月三一日、ついにガダルカナル島の奪還作戦は中止された。ここでも天皇は気持ち

の整理がつかず、その日、蓮沼蕃《しげる》侍従武官長にこう漏らした。

ただガ島攻略を止めただけでは承知し難い。何処かで攻勢に出なければならない。

このまま押されるばかりではいけない。天皇は戦局の悪化に動揺し、焦り、積極的な攻勢を求めるようになっていた。

「一体何処でしっかりやるのか。何処で決戦をやるのか」

（昭和一八・一九四三年）

一九四三年は、アジア太平洋戦争の攻守が逆転した年だった。米軍は新型の空母や戦闘機をつぎつぎに実戦配備して、戦力を大幅に増強した。たいして日本軍は各地で苦戦を強いられ、占領した島からの撤退や守備隊の全滅が相次いだ。山本五十六連合艦隊司令長官が戦死したのも、この年の四月のことだった。

同年三月三〇日、天皇は木戸内大臣に不安な心の内を明かした。

> 次ぎ次ぎに起った戦況から見て、今度の戦争の前途は決して明るいものとは思はれない。統帥部は陸海軍いずれ《ママ》も必勝の信念を持って戦ひ抜くとは申して居るけれど、ミッドウェイで失った航空勢力を恢復することは果して出来得るや否や、頗る難しいと思はれる。若し制空権を敵方にとられる様になった暁には、彼の広大な地域に展開して居る戦線を維持すると云ふことも難しくなり、随所に破綻を生ずることになるのではないかと思はれるが、木戸はどう思ふか。

天皇も、ミッドウェー海戦での敗北がいかに痛手だったのかを実感するようになっていた。そしてその予想どおり、制空権を失った日本軍は、各地で孤立して各個撃破されていく悲運をまぬかれなかった。

五月には、アリューシャン列島のアッツ島の守備隊が全滅した。このままではジリ貧になってしまう。天皇は、戦局打開のための決戦を求めた。六月八日、蓮沼侍従武官長にこう語った。

こんないくさをして「ガダルカナル」同様なことをして、敵の志気を上げ、中立・第三国は動揺、支那はつけ上り、大東亜圏内に及ぼす影響も大きい。何とかして何処かの正面で米軍をたゝきつけることは出来ぬか。

そして翌九日にも、杉山参謀総長に同じことを述べた。

ニューギニア方面は航空作戦も糧秣の集積も少しは良くなつてゐるが、此上とも十分力を尽し、道路構築も此上とも努力をして、何んとかして「アメリカ」を叩きつけなければならない。

戦局が厳しくなるにつれて、天皇の督戦も激しくなった。七月から八月にかけても、つぎのような有様だった。

局地的には克く戦闘はやってゐるが、何所かに攻勢をとることは出来ぬか。［中略］何とか叩けないかねー［七月八日］。

海軍を何んとか出す方法は無いのか。［中略］確乎たる自信なしにだんだん後ロへ押下げられつゝあり。何処かでガチッと叩きつける工面は無いのかね［同日］。

何れの時きが決戦か［七月一四日］。

何れの方面も良くない。米をピシャッとやることは出来ぬか？［中略］一体何処でしっかりやるのか。何処で決戦をやるのか。今迄の様にジリジリ押されることを繰返すことは出来ないのではないか［八月五日］。


「ガチッと」「ピシャッと」。こうした擬音から、天皇の逸る気持ちが伝わってくる。それにしても、その決戦要求のしつこさはかなり異様だった。

そのいっぽうで、天皇は架空の戦果に踊らされていた。

日本軍は、迫り来る米艦隊を航空機で迎え撃った。一九四三年一一月から一二月までの六次にわたるブーゲンビル島沖航空戦、同年一一月の四次にわたるギルバート諸島沖航空戦、そして一二月のマーシャル諸島沖航空戦がそれだった。

日本軍は、これらの航空戦でめぼしい戦果をあげられなかった。ただ、未熟なパイロットが戦果を誤認し、それを大本営も追認したため、戦艦四隻撃沈、空母一六隻撃沈などという、とんでもない戦果が計上されてしまった。天皇はこの時期、このような報告を受けて素直に喜んでいたのである。

もちろん、架空の戦果だから米艦隊の進行は止まらなかった。戦線はますます日本本土に迫ってきた。年が明けた一九四四年二月一六日、天皇はあらためて杉山に決戦を求めた。

各方面悪い。今度来たら「ガン」と叩き度いものだね。

そしてついに決戦のときがやってきた。サイパン島攻防戦である。

「命を国家に捧げて克くもやって呉れた」

（昭和一九・一九四四年）

サイパン島は、東京から南に約二三〇〇キロの距離に位置する。もしこの島にB29の基地ができれば、日本の主要都市はほとんど空爆にさらされてしまう。一九四三年九月、御前会議でも「絶対確保すべき要域」（いわゆる「絶対国防圏」）の一角にも設定されており、この島は、日本にとって絶対に譲れない最重要拠点のひとつだった。

一九四四年六月、ついにアメリカの大艦隊がサイパン島に攻め寄せてきた。そして一五日、日本軍の抵抗を押しのけて、上陸を開始した。天皇は一八日、後宮淳参謀次長に、

第一線の将兵も善戦してゐるのだが、兵力が敵に比して足らぬのではないか？　万一「サイパン」を失ふ様なことになれば、東京空襲も屢々あることになるから、是非とも確保しなければならぬ。

と意気込みを語った。だが、一九日から二〇日にかけて、救援に駆けつけた日本の海軍機動部隊がアメリカ軍に撃退され（マリアナ沖海戦）、サイパン島の運命は決した。いかに同島の日本軍が必死に戦っても、制海権・制空権がなく、孤立無援ではどうしようもな

かった。

それでも天皇は諦めず、二三日、東条に日本海海戦のような大戦果を求めた。

今度のいくさは非常に大切ないくさだから、是非日本海々戦のときの様に立派な戦果を挙げて貰ひ度い。十分第一線部隊を激励する様に。

天皇の督戦空しく、七月七日、同島守備隊は最後の突撃を行ない、組織的な抵抗力を失った。同月、東条内閣は責任を取って総辞職し、小磯国昭内閣があとを襲った。

だが、天皇に意気消沈している暇はなかった。サイパンを陥れた米軍は、そのまま北上して日本本土を衝くのではなく、西進してフィリピンに向かった。

一〇月、米機動部隊はその露払いとして沖縄と台湾を空襲した。日本は航空部隊でこれを迎え撃ったが、まったくといっていいほど戦果をあげられなかった。ただ、またもや未熟なパイロットが戦果を誤認し、上級司令部も戦果への期待からそれを疑わなかったため、空母一一隻、戦艦二隻轟撃沈などの架空の大戦果が計上されてしまった（台湾沖航空戦）。同月二一日、天皇はこれを嘉賞する勅語を与えた。もはやなにもかもがデタラメだった。

無傷の米軍は、同月二〇日、フィリピンのレイテ島に上陸を開始した。これにたいして、日本軍はついに組織的な体当たり攻撃を開始した。二五日、海軍の神風特別攻撃隊敷島隊の五機が、レイテ島沖で米海軍の護衛空母群に突入し、護衛空母一隻を撃沈、ほかの護衛空母二隻に被害を与えた。

天皇は二六日、これを及川古志郎軍令部総長より聞くや、

そのようにまでせねばならなかったか。しかし、よくやった。

と褒め称えた。一一月一三日、こんどは陸軍の特別攻撃隊万朶《ばんだ》隊の体当たり攻撃が発表された。天皇は梅津美治郎参謀総長よりこれを聞き、やはり賞賛の言葉を与えた。

体当りき［機］は大変良くやって立派なる成果を収めた。命を国家に捧げて克くもやって呉れた。

天皇は奮起して、またしても第一線部隊を督戦した。だが、圧倒的な物量で攻め寄せる

米軍を、体当たり攻撃で打ち払うことなどできようはずもなかった。一二月末、レイテ島の日本軍は組織的な戦闘力を失った。そして一九四五年二月、マニラはふたたび米軍の手中に落ちた。

このような戦局の悪化を受けて、天皇は同月、元首相六名と牧野伸顕元内大臣を個別に呼び出し、今後の見通しを訊ねた。そのなかでも一四日に参内した近衛文麿はもっとも終戦に積極的だった。このまま戦争を続ければ、共産革命が起き、国体（天皇中心の国家体制）が護持できない。終戦工作をしなければならないが、そのためには軍部内の継戦派一掃が欠かせない。近衛はそう述べた。これにたいして、天皇はこう答えた。

もう一度戦果を挙げてからでないと中々話は難しいと思ふ。

天皇は、ここでなお一撃にこだわっていたのである。三月の東京大空襲を経て、四月の沖縄戦の開始を受けても、その意志は揺るがなかった。天皇は、海軍の作戦にかんして、

航空部隊だけの総攻撃か。

と述べ、暗に海上部隊の参加を求めた（防衛庁防衛研修所戦史室『戦史叢書　大本営海軍部・聯合艦隊（7）』）。そしてそれが、戦艦大和の特攻につながったとしばしば指摘される。ただこれについては、真偽を疑う声も少なくない。そこでここでは、公式記録の『昭和天皇実録』にも採用されている言葉を掲げておく。同月二日の梅津にたいする言葉がそれだった。

現地軍は何故攻撃に出ぬか。兵が足らざれば逆上陸もやってはどうか。

制海権・制空権がないなかでの逆上陸は、特攻的といえなくもない。これはこれでかなり厳しく重い天皇の言葉だった。

「万一の場合には自分が御守りして運命を共にする外ない」

（昭和二〇・一九四五年）

一九四五年四月七日、対中和平工作の失敗を受けて小磯内閣が退陣し、鈴木貫太郎内閣が成立した。鈴木は、二・二六事件で重傷を負った元侍従長だった。はじめ老齢などを理由に首相就任を固辞したが、天皇の切々たる説得に応じざるをえなかった。

鈴木の心境は、よく分る。しかし、この重大な時にあたって、もう他に人はいない。頼むから、どうか、まげて承知してもらいたい。

日本をめぐる情勢は悪くなるいっぽうだった。五月、ヨーロッパでドイツが降伏し、枢軸国陣営で残る主要国は日本だけとなった。六月、沖縄における日本軍の組織的な抵抗が終わった。いよいよ日本本土が戦場になろうとしていた。

同月、和戦両様の準備が進められた。御前会議で、本土決戦の方針が決定されるとともに、別の御前懇談会で、戦争終結のために対ソ交渉を行なうことも決定された。ただ、ソ連はすでに対日参戦を決めていたので、なんの進展もみせなかった。

七月二六日、米英中三国の連名でポツダム宣言が発表された。日本にたいする降伏の勧告だった。戦争終結の条件として、軍国主義の除去、日本領土の占領、日本軍隊の武装解除、戦争犯罪人の処罰などを掲げ、日本にたいしてたいへん厳しい内容だった。

鈴木貫太郎首相。海軍軍人を経て、侍従長に就任。田中首相叱責事件、二・二六事件に際会した。

此の儘に受諾するわけには行かざるも、交渉の基礎と為し得べしと思はる。

天皇は、二七日に東郷茂徳外相にこう語るかたわらで、本土決戦も覚悟せざるをえなかった。そこで心配されたのが、三種の神器だった。三一日、天皇は木戸内大臣に悲壮な胸の内を語った。

先日、内大臣の話た伊勢大神宮のことは誠に重大なことと思ひ、種々考へて居たが、伊勢と熱田の神器は結局自分の身近に御移して御守りするのが一番よいと思ふ。〔中略〕万一の場合には自分が御守りして運命を共にする外ないと思ふ。

三種の神器は、八咫鏡《やたのかがみ》、草薙剣《くさなぎのつるぎ》、八尺瓊勾玉《やさかにのまがたま》のことで、皇位の証とされる。このうち八咫鏡は伊勢神宮に、草薙剣は熱田神宮にあった。そのため天皇は、敵に奪われないように自分の身近に移そうかと悩み、いざというときは「運命を共にする」とまで決心していたのである。天皇は明らかに追い詰められていた。

そして八月、事態は最悪の方向に進んだ。六日と九日、米軍が広島と長崎に相次いで原爆を投下した。またそのあいだの八日には、頼みの綱だったソ連が日本に宣戦布告した。これで日本は万策が尽きた。

一〇日深夜零時三分、宮城の御文庫附属室（地下壕）で最高戦争指導会議が開かれた。天皇もここに臨席した。議題は、ポツダム宣言受諾の可否だった。会議では、天皇の国法上の地位存続のみを条件として受け入れるべきだと主張する東郷外相案と、それに加え、保障占領の拒否など三条件を付け加えて受け入れるべきだと主張する阿南惟幾《あなみこれちか》陸相案が激しく対立して、容易に決着をみなかった。

午前二時すぎ、鈴木首相は天皇の決断を求めた。天皇は本土決戦の準備が整っていないことを指摘した上で、

之でどうして戦争に勝つことが出来るか。勿論忠勇なる軍隊の武装解除や戦争責任者の処罰等、其等の者は忠誠を尽した人々で、それを思うと実に忍び難きものがある。而し今日は忍び難きを忍ばねばならぬ時と思ふ。明治天皇の三国干渉の際の御心持を偲び奉り自分は涙をのんで、ポツダム宣言受諾に賛成する。

と、外相案での受諾に同意した。第一回の「ご聖断」だった。政府はただちに連合国側に条件付きで受諾する旨を伝えた。

果たして一二日、連合国側から回答が寄せられた。それは、天皇の存在を間接的に容認するものだった。これで果たして国体を護持できるのか。このまま受諾するべきだという主張と、連合国に再度照会すべきだという主張が、またも激しく衝突した。

かくて一四日、ふたたび御文庫附属室で御前会議が開かれた。天皇は鈴木首相らの意見を聞いたあと、つぎのようにポツダム宣言受諾の意志をあらためて示した。二回目の「ご聖断」だった。

このときの天皇の言葉については、この日の御前会議に出席した下村宏（海南）国務相の著作『終戦秘史』に記されたものが広く出回っている。下村は直後に記録を書きとどめ、さらに左近司政三国務相、太田耕造文相、米内光政海相の手記と照らし合わせ、鈴木首相の校閲も得て、万全を期したという。

> 外に別段意見の発言がなければ私の考えを述べる。
> 反対論の意見はそれぞれよく聞いたが、私の考えはこの前申したことに変りはない。
> 私は世界の現状と国内の事情とを十分検討した結果、これ以上戦争を続けることは無理だと考える。〔中略〕
> さらに陸海軍の将兵にとって武装の解除なり保障占領というようなことはまことに堪え難いことで、その心持は私にはよくわかる。しかし自分はいかになろうとも、万民の生命を助けたい。この上戦争を続けては結局我国がまったく焦土となり、万民にこ

れ以上苦悩を嘗めさせることは私としてはじつに忍び難い。祖宗の霊にお応えできない。［中略］

私は明治大帝が涙をのんで思い切られたる三国干渉当時の御苦衷をしのび、この際耐え難きを耐え、忍び難きを忍び、一致協力将来の回復に立ち直りたいと思う。今日まで戦場に在って陣没し、或は殉職して非命に斃れた者、またその遺族を思うときは悲嘆に堪えぬ次第である。また戦傷を負い戦災をこうむり、家業を失いたる者の生活に至りては私の深く心配する所である。この際私としてなすべきことがあれば何でもいとわない。国民に呼びかけることがよければ、私はいつでもマイクの前にも立つ。［中略］この際詔書を出す必要もあろうから、政府はさっそくその起案をしてもらいたい。

「自分はいかになろうとも、万民の生命を助けたい」。この感動的な発言は、「ご聖断」を象徴する言葉としてとくによく知られている。ただし、最近では後世に潤色されたものではないかとの指摘があり、『昭和天皇実録』でも採用されていない。そのため、参考として同書の記述も引用しておく。

天皇は、国内外の現状、彼我国力・戦力から判断して自ら戦争終結を決意したものにして、変わりはないこと、我が国体については外相の見解どおり先方も認めていると解釈すること、敵の保障占領には一抹の不安なしとしないが、戦争を継続すれば国体も国家の将来もなくなること、これに反し、即時停戦すれば将来発展の根基は残ること、武装解除・戦争犯罪人の差し出しは堪え難きも、国家と国民の幸福のためには、三国干渉時の明治天皇の御決断に倣い、決心した旨を仰せられ、各員の賛成を求められる。また、陸海軍の統制の困難を予想され、自らラジオにて放送すべきことを述べられた後、速やかに詔書の渙発により心持ちを伝えることをお命じになる。

(昭和二〇・一九四五年)

「堪へ難きを堪へ、忍び難きを忍び」

終戦にあたって、あらためて天皇の言葉が必要だった。天皇の指示を待たず、この「大

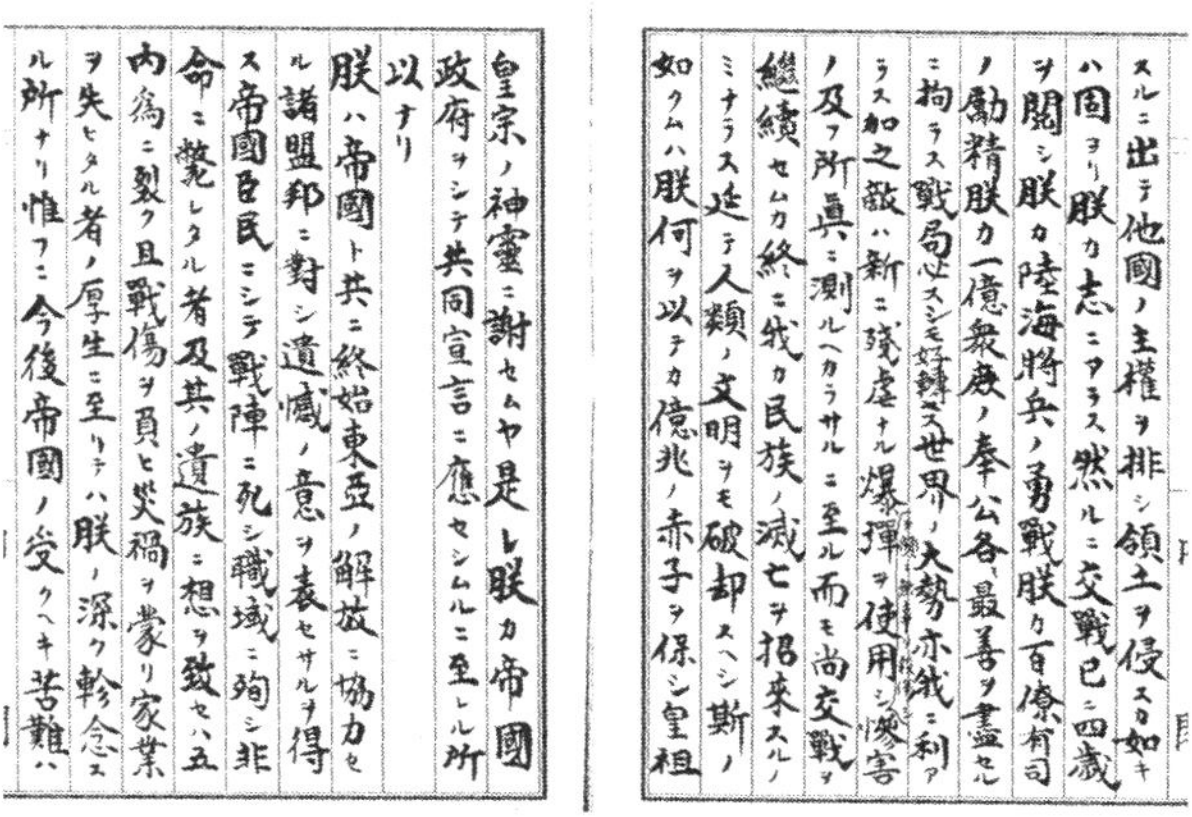
スルニ出テ他國ノ主權ヲ排シ領土ヲ侵スカ如キ
ハ固ヨリ朕カ志ニアラス然ルニ交戰已ニ四歳
ヲ閲シ朕カ陸海將兵ノ勇戰朕カ百僚有司
ノ勵精朕カ一億衆庶ノ奉公各〻最善ヲ盡セル
ニ拘ラス戰局必スシモ好轉セス世界ノ大勢亦我ニ利ア
ラス加之敵ハ新ニ殘虐ナル爆彈ヲ使用シテ慘害
ノ及フ所眞ニ測ルヘカラサルニ至ル而モ尚交戰ヲ
繼續セムカ終ニ我カ民族ノ滅亡ヲ招來スルノ
ミナラス延テ人類ノ文明ヲモ破却スヘシ斯ノ
如クムハ朕何ヲ以テカ億兆ノ赤子ヲ保シ皇祖
皇宗ノ神靈ニ謝セムヤ是レ朕カ帝國
政府ヲシテ共同宣言ニ應セシムルニ至レル所
以ナリ
朕ハ帝國ト共ニ終始東亞ノ解放ニ協力セ
ル諸盟邦ニ對シ遺憾ノ意ヲ表セサルヲ得
ス帝國臣民ニシテ戰陣ニ死シ職域ニ殉シ非
命ニ斃レタル者及其ノ遺族ニ想ヲ致セハ五
内爲ニ裂ク且戰傷ヲ負ヒ災禍ヲ蒙リ家業
ヲ失ヒタル者ノ厚生ニ至リテハ朕ノ深ク軫念ス
ル所ナリ惟フニ今後帝國ノ受クヘキ苦難ハ

「大東亜戦争終結に関する詔書」署名原本の中盤部（アジア歴史資料センター）。
限られた時間で作成されたため、修正のあとが残る異例のかたちとなった。

東亜戦争終結に関する詔書」は、一〇日深夜の第一回「ご聖断」を受けて密かに起草されていた。迫水久常内閣書記官長が中心となり、川田瑞穂、木原通雄、迫水久良の各内閣嘱託や、小川一平内閣行政委員、田尻愛義《あきよし》大東亜次官、漢学者の安岡正篤《まさひろ》大東亜省嘱託などがこの作業に協力したといわれる（ただし、当の迫水久常の回想が揺れており、このあたりの経緯はかならずしも定かではない）。そして一四日の第二回「ご聖断」を受けて、さらに語句が追加されて、閣議に提出された。

閣議では詔書の文言をめぐって一悶着があったが、午後九時二〇分、天皇が裁可し、閣僚の副署を経て、同一一時ようやく発布された。ただし、阿南陸相の要請で、国内向けの発表は翌一五日正午となった。


朕、深く世界の大勢と帝国の現状とに鑑み、非常の措置を以て時局を収拾せむと欲し、茲に忠良なる爾臣民に告ぐ。

朕は、帝国政府をして米英支蘇四国に対し、其の共同宣言を受諾する旨通告せしめたり。

抑々帝国臣民の康寧を図り、万邦共栄の楽を偕にするは、皇祖皇宗の遺範にして、朕の拳々措かざる所、曩に米英二国に宣戦せる所以も、亦実に帝国の自存と東亜の安定とを庶幾するに出で、他国の主権を排し、領土を侵すが如きは、固より朕が志にあらず。然るに交戦已に四歳を閲し、朕が陸海将兵の勇戦、朕が百僚有司の励精、朕が一億衆庶の奉公、各々最善を尽せるに拘らず、戦局必ずしも好転せず、世界の大勢亦我に利あらず。加之敵は新に残虐なる爆弾を使用して、頻に無辜を殺傷し、惨害の及ぶ所、真に測るべからざるに至る。而も尚交戦を継続せむか、終に我が民族の滅亡を招来するのみならず、延て人類の文明をも破却すべし。斯の如くむば、朕何を以てか億兆の赤子を保し、皇祖皇宗の神霊に謝せむや。是れ朕が帝国政府をして共同宣言に応ぜしむるに至れる所以なり。

朕は、帝国と共に終始東亜の解放に協力せる諸盟邦に対し、遺憾の意を表せざるを得ず。帝国臣民にして戦陣に死し、職域に殉じ、非命に斃れたる者及其の遺族に想を致せば、五内為に裂く。且戦傷を負ひ、災禍を蒙り、家業を失ひたる者の厚生に至りては、朕の深く軫念する所なり。惟ふに、今後帝国の受くべき苦難は、固より尋常にあらず。爾臣民の衷情も朕善く之を知る。然れども朕は時運の趨く所、堪へ難きを堪へ、忍び難きを忍び、以て万世の為に太平を開かむと欲す。

朕は茲に国体を護持し得て、忠良なる爾臣民の赤誠に信倚し、常に爾臣民と共に在り。若し夫れ情の激する所、濫に事端を滋くし、或は同胞排擠互に時局を乱り、為に大道を誤り、信義を世界に失ふが如きは、朕最も之を戒む。宜しく挙国一家子孫相伝へ、確く神州の不滅を信じ、任重くして道遠きを念ひ、総力を将来の建設に傾け、道義を篤くし志操を鞏くし、誓て国体の精華を発揚し、世界の進運に後れざらむことを期すべし。爾臣民其れ克く朕が意を体せよ。

【大意】

朕は、世界の情勢と日本の現状をよく考え、特別な措置によって時局を収拾しようと思い、ここに忠義の心が厚く善良なお前たち臣民に告げる。

朕は、アメリカ・イギリス・中国・ソ連の四国にたいしてポツダム宣言を受諾すると日本政府に通告させた。

そもそも日本臣民の平穏無事を図り、すべての国々とみな栄える喜びを共有することは、皇室の始祖から世々の天皇までのお遺しになった方針であって、朕も疎かにはしてこなかった。さきにアメリカ・イギリスの二国に宣戦布告した理由も、日本の自存と東アジアの安定を願ったからであって、他国の主権や領土を侵害するようなことは、いうまでもなく朕の本意ではなかった。それなのに、戦争はすでに四年めになり、朕の陸海軍人はよく戦い、朕の官公吏はよく働き、朕が一億臣民は国のためよく尽くしたにもかかわらず、戦局はかならずしも好転せず、世界の情勢もまたわが国に不利となった。それに加え、敵は新たに残虐なる爆弾［原爆］を使用して、たびたび罪なき民を殺傷し、その惨たらしい被害がどこまで及ぶのか、本当にわからないところまできてしまった。これでなお戦争を続ければ、ついにわが民族の滅亡を招くのみならず、ひいては人類の文明をも破壊し尽くしてしまうだろう。こうなってしまっては、朕は、わが子のように慈しむ人民を守ることができず、祖先のみ霊に顔をあわすこともできない。これが、朕が政府にポツダム宣言を受諾させるにいたった理由である。

朕は、日本とともに一貫して東アジアの解放に協力してくれた友邦諸国にたいして、申し訳ない気持ちを示さざるをえない。戦場で死に、職場で倒れ、戦災で亡くなった日本臣民やその遺族に思いをはせれば、内臓が張り裂ける思いだ。また戦傷を負い、戦災をこうむり、家業を失ったものの今後の生活については、朕が深く心配するところである。思うに、今後日本に待ち受けるであろう苦難は、いうまでもなく並大抵のものではない。お前たち臣民の心の内も朕はよくわかっている。しかしながら、朕がこのような時の流れを受け入れ、堪えがたいことにも堪え、忍びがたいことにも忍び、そうすることで、未来永劫のために平和の道を開きたいと思う。

朕はこうして国体を守り抜くことができ、忠義の心が厚く善良なお前たち臣民の純粋な真心を信じ、つねにお前たち臣民とともにある。いうまでもなく、感情のおもむくままむやみに揉めごとを増やし、あるいは同胞同士でいがみ合って情勢を乱し、そのために進むべき道を誤り、信義を世界に失うようなことは、朕がもっとも戒めるところである。ぜひとも国をあげて一家となり、このことを子孫にまで語り継ぎ、固く神国日本の不滅を信じ、任務は重く前途は遠いのだと覚悟し、断固として国体の真髄を発揮し、世界の進展に遅れないように決心しなければならない。お前たち臣民よ、よく朕の考えを理解し、その実現に努力せよ。

国立公文書館所蔵の「戦争終結に関する詔書案」には、この詔書の起草・修正の過程が、つぶさに記録されている。これをみると、もっとも有名な「堪へ難きを堪へ、忍び難きを忍び」を含む一文が、つぎのように目まぐるしく変化したことがわかる。

①然れども事態は今や此の一途を余すに過ぎず。朕は実に堪へ難きを堪へ、忍び難きを忍び、爾臣民と共に黽勉《びんべん》努力、以て社稷《しゃしょく》を保衛せむと欲す。

②然れども事態は今や此の一途を余すのみ。朕は実に堪へ難きを堪へ、忍び難きを忍び、臥薪嘗胆為す有るの日を将来に期し、爾臣民の協翼を得て、永く社稷を保衛せむと欲す。

③然れども朕は義命の存する所、堪へ難きを堪へ、忍び難きを忍び、万世の為に太平

を開かんと欲す。

④然れども朕は時運の命ずる所、堪へ難きを堪へ、忍び難きを忍び、万世の為に太平を開かんと欲す。

⑤然れども朕は時運の命ずる所、堪へ難きを堪へ、忍び難きを忍び、以て万世の為に太平を開かむと欲す。

③は、安岡正篤の修正とされている。この詔書の修正過程をめぐっては、やはり迫水による証言がよく引かれるが、以上の資料などとかならずしも一致しないこともあり、今日では信憑性にいささか疑問符がついている。古い文献をみるときには注意が必要だ。

いずれにせよこうしてできあがった詔書は、一四日の深更、天皇によって宮内省の内廷庁舎において朗読された。玉音放送のレコードは、このとき録音されたものである。天皇が録音を終え、御文庫に戻ったときには、一五日になっていた。その夜、終戦を阻止せんとする一部の陸軍将校たちがクーデタを起こし、兵を率いて宮城になだれ込み、このレコード盤（玉音盤）を奪い取ろうとした。

終戦を覆しかねない危機だったが、田中静壱東部軍管区司令官の行動により、クーデタは間もなく鎮圧された。天皇は、藤田尚徳《ひさのり》侍従長にこう嘆いた。

藤田、いったい、あの者たちは、どういう積りであろう。この私の切ない気持ちが、どうして、あの者たちには、分らないのであろうか。

午前一一時すぎ、玉音盤は無事に内幸町の日本放送会館に運び込まれた。そして正午。終戦の詔書はラジオで全国に放送された。世にいう玉音放送だった。天皇自身も御文庫でこの放送を聴いた。かくして激動の昭和史は、大きな区切りを迎えた。

当時の政治家、官僚、軍人たちは、日記をつけ、メモを残す習慣があった。終戦時に公文書が大量に焼却された関係で、戦後このような資料が積極的に発掘された。そのため、かえって生々しい「お言葉」の数々が残されることとなった。

そこから浮かび上がる昭和天皇の姿は、時勢に応じて右にも左にも揺れ動く「リアリスト」のそれではなかっただろうか。ともあれ、昭和はまだ二〇年なかばを超えたにすぎない。天皇にとって終戦は、古今未曽有の占領時代のはじまりでもあった。

第五章　昭和天皇②

君主をやめられない症候群

「戦争となるの結果を見ましたことは、自分の最も遺憾とする所」

（昭和二〇・一九四五年）

巷間の昭和天皇の伝記をひもとくと、戦前・戦中で全体の三分の二や四分の三が占められ、戦後は索漠たるものが少なくない。たしかに、新憲法の施行によって天皇の位置づけは大きく変化した。ただ、それで言葉まで大きく減少したわけではなかった。なにせ、戦後こそ昭和年間の三分の二を占めるのだ。そこにみるべき言葉がないはずがないのである。

さて一九四五年八月末、連合国軍最高司令官のマッカーサー元帥が厚木に到着した。そして九月、皇居向かいの第一生命ビルにＧＨＱが設置された。

本来であれば、マッカーサーが天皇に挨拶するのが筋だった。だが、占領下にそんな常識は通じなかった。同月二七日、四四歳の天皇は、アメリカ大使館にマッカーサーを訪ねた。石渡荘太郎宮内相、藤田尚徳侍従長、徳大寺実厚侍従、村山浩一侍医などがこれに付き従った。天皇の車列はそれとわからぬほど簡素で、敗戦国の悲哀を物語っていた。

天皇は、アメリカ大使館の玄関でフェラーズ最高司令官軍事秘書、バワーズ同副官の出迎えを受けた。そして次室に通され、そこでマッカーサーと握手をかわした。それから天皇は宮内相たちと分かれて、会見室に入り、マッカーサーと三〇分にわたって会談した（天皇とマッカーサーが並び立った有名な写真は、この会談に先立って撮影された）。会談の冒頭、天皇は戦争責任の問題をみずから持ち出し、自身の運命を委ねると述べて、マッカーサーに深い感銘を与えたといわれる（藤田尚徳『侍従長の回想』）。

天皇とマッカーサー。最初の会見に先立って撮影された（1945年9月29日『朝日新聞』朝刊1面）。

敗戦に至った戦争の、いろいろの責任が追求されているが、責任はすべて私にある。文武百官は、私の任命する所だから、彼等には責任がない。私の一身は、どうなろうと構わない。私はあなたにお委せする。この上は、どうか国民が生活に困らぬよう、連合国の援助をお願いしたい。

マッカーサーの回想もこれと大きく違わない。そのいっぽうで、日本側の随員でただひとり会談に同席した通訳の奥村勝蔵は、別の記録を残している。それはつぎのようなものであった。

マッカーサーは、はじめきわめて自由な態度で「実際写真屋といふのは妙なものでパチ々々撮りますが、一枚か二枚しか出て来ません」と口火を切った。天皇はこれに直接答えず、

永い間熱帯の戦線に居られ御健康は如何ですか。

と話しかけた。あらかじめ用意してあった挨拶だったのかもしれない。マッカーサーはこれに軽く答えたあと、口調を変えて、力強い言葉で二〇分にわたって長広舌を振るい、天皇の終戦の決断を「英断」などと褒め称えた。天皇はこれに、戦争責任の問題をもって応じた。

此の戦争に付ては、自分としては極力之を避け度い考でありましたが、戦争となるの結果を見ましたことは、自分の最も遺憾とする所であります。

天皇がこの問題にかんして述べたのはここだけだった。「私の一身は、どうなろうと構わない。私はあなたにお委せする」云々の内容はみられない。

それでも、マッカーサーは天皇に好意的だった。「聖断一度下つて日本の軍隊も日本の国民も総て整然と之に従つた見事な有様は、是即ち御稜威の然らしむる所でありまして、世界何れの国の元首と雖及ばざる所であります」とまで持ち上げた。たいする天皇の答えはこうだった。

閣下の使命は東亜の復興即ち其の安定及繁栄を齎し、以て世界平和に寄与するに在ることと思ひますが、此の重大なる使命達成の御成功を祈ります。

ここは注目に値する。というのも、すでにみてきたように、明治以来、宣戦詔勅のロジックは「東アジアの安定→世界の平和」だったからだ。天皇はここで、まったく同じ言葉とロジックを使っている。マッカーサーはこれに「夫れ（東亜の復興云々）は正に私の念願とする所」と応じた。それはまるで宣戦詔勅のロジックを受け継いだかのような瞬間だった。

以上も会見の要旨なので、完璧な証言ではない。部分的に削除されているとの説もあるし、「御稜威の然らしむる所」のごとき、戦前・戦中の決まり文句をマッカーサーが口にしたとも思えない。ただ円滑な占領統治には、天皇の権威が必要だった。だからこそマッカーサーは、天皇に好意的な態度を取った。このことは、当意即妙のコミュニケーションに難があった天皇にとって幸いだっただろう。

「単なる神話と伝説とに依りて生ぜるものに非ず」

（昭和二一・一九四六年）

明けて一九四六年の元旦。天皇は有名な詔書を発表した。今日「人間宣言」として知られるものである。ただし、天皇の意図は別のところにあったため、ここでは「新日本建設に関する詔書」と呼んでおく。

茲に新年を迎ふ。顧みれば明治天皇、明治の初、国是として五箇条の御誓文を下し給へり。曰く、

一、広く会議を興し、万機公論に決すべし。
一、上下心を一にして、盛に経綸を行ふべし。
一、官武一途庶民に至る迄各其志を遂げ、人心をして倦まざらしめん事を要す。
一、旧来の陋習を破り、天地の公道に基くべし。
一、智識を世界に求め、大に皇基を振起すべし。

叡旨公明正大、又何をか加へん。朕は茲に誓を新にして、国運を開かんと欲す。須らく此の御趣旨に則り、旧来の陋習を去り、民意を暢達し、官民挙げて平和主義に徹し、教養豊かに文化を築き、以て民生の向上を図り、新日本を建設すべし。

大小都市の蒙りたる戦禍、罹災者の艱苦、産業の停頓、食糧の不足、失業者増加の趨勢等は、真に心を痛ましむるものあり。然りと雖も、我国民が現在の試煉に直面し、且徹頭徹尾文明を平和に求むるの決意固く、克く其の結束を全うせば、独り我国のみならず、全人類の為に、輝かしき前途の展開せらるることを疑はず。

夫れ家を愛する心と国を愛する心とは、我国に於て特に熱烈なるを見る。今や実に此の心を拡充し、人類愛の完成に向ひ、献身的努力を効すべきの秋なり。

惟ふに長きに亘れる戦争の敗北に終りたる結果、我国民は動もすれば焦躁に流れ、失意の淵に沈淪せんとするの傾きあり。詭激の風漸く長じて、道義の念頗る衰へ、為に思想混乱の兆あるは、洵に深憂に堪へず。

然れども朕は爾等国民と共に在り、常に利害を同じうし休戚を分たんと欲す。朕と爾等国民との間の紐帯は、終始相互の信頼と敬愛とに依りて結ばれ、単なる神話と伝説とに依りて生ぜるものに非ず。天皇を以て現御神《あきつみかみ》とし、且日本国民を以て他の民族に優越せる民族にして、延て世界を支配すべき運命を有すとの架空なる観念に基くものにも非ず。

朕の政府は国民の試煉と苦難とを緩和せんが為、あらゆる施策と経営とに万全の方途を講ずべし。同時に朕は我国民が時艱に蹶起し、当面の困苦克服の為に、又産業及文運振興の為に勇往せんことを希念す。我国民が其の公民生活に於て団結し、相倚り相扶け、寛容相許すの気風を作興するに於ては、能く我至高の伝統に恥ぢざる真価を発揮するに至らん。斯の如きは、実に我国民が人類の福祉と向上との為、絶大なる貢献を為す所以なるを疑はざるなり。

一年の計は年頭に在り、朕は朕の信頼する国民が朕と其の心を一にして、自ら奮ひ自ら励まし、以て此の大業を成就せんことを庶幾ふ。


そもそもこの詔書は、GHQの発案で作られた。前年一二月に神道指令で国家神道を否定したGHQは、今度は天皇の言葉で、その神格をみずから否定させようと考えた。

そのため詔書の原案は、GHQ民間情報教育局のダイク局長やヘンダーソン同局員、また学習院の山梨勝之進院長や同英語教師のブライスたちによって、英語で作成された。そしてその後、日本政府に委ねられ、幣原《しではら》喜重郎首相、前田多門文相、次田大三郎内閣書記官長などによって調整が行なわれた。

この過程で、英語草案の「日本人は神の子孫ではない」という箇所が、「天皇は現御神

(現世に姿をあらわした神)ではない」に書き換えられた。

なぜそんなことになったのか。それは、「天皇が神の子孫である」ことを否定しないためだった。「日本人が神の子孫ではない」とすると、「(日本人のひとりである)天皇まで神の子孫ではない」となりかねない。それでは、天皇は一般人と変わらなくなってしまう。そこで天皇や側近は、「天皇は現人神ではない」とすることで、もとの意味を巧妙に書き換え(つまり天皇が神の子孫である可能性を残し)、神話と伝説の温存を図ったのである。

そうすると、「朕と爾等国民との間の紐帯は、終始相互の信頼と敬愛とに依りて結ばれ、単なる神話と伝説とに依りて生ぜるものに非ず」という重要な箇所は、つぎのように整理することができるだろう。

戦前・戦中:神話と伝説
戦　　後:信頼と敬愛(+神話と伝説)

戦前・戦中、天皇と臣民の結びつきは「神話と伝説」で説明された(たとえば、文部省編『国体の本義』の、「臣民の道は、皇族瓊瓊杵《ににぎ》ノ尊の降臨し給へる当時、多くの神々が奉仕せられた精神をそのまゝに、億兆心を一にして天皇に仕へ奉るところにある」など）。これにたいして戦後、天皇と国民の結びつきは、もっぱら「相互の信頼と敬愛」で説明されることになった。ただし、このときも「神話と伝説」が完全に排除されたわけではなく、天皇の神話的な位置づけは部分的に温存された。

　これに加え、もう一計が案じられた。天皇は、この詔書に「五箇条の御誓文」の主旨を挿入することを希望した。そうすることで、民主主義が占領軍によって押し付けられたものではなく、もともと明治天皇によって採用されたものだと示そうとしたのである。

　天皇にとって、神格否定よりもこの「五箇条の御誓文」のほうが重要だったという。一九七七年八月、天皇は記者に質問されてこう答えている（高橋紘『陛下、お尋ね申し上げます』）。

> そのこと［「五箇条の御誓文」の挿入］についてはですね、それが実はあの時の詔勅の一番の目的なんです。神格とかそういうことは二の問題であった。
>
> それを述べるということは、あの当時においては、どうしても米国その他諸外国の勢力が強いので、それに日本の国民が圧倒されるという心配が強かったから。
>
> 民主主義を採用したのは、明治大帝の思召《おぼしめ》しである。しかも神に誓われた。そうして

「五箇条御誓文」を発して、それがもととなって明治憲法ができたんで、民主主義というものは決して輸入のものではないということを示す必要が大いにあったと思います。

それでとくに初めの案では、「五箇条御誓文」は日本人としては誰でも知っていると思っていることですから、あんなに詳しく書く必要はないと思っていたのですが。幣原がこれをマッカーサー司令官に示したら、こういう立派なことをなさったのは感心すべきものであると、非常に賞讃されて、そういうことなら全文を発表してほしいというマッカーサー司令官の強い希望があったので全文を掲げて、国民及び外国に示すことにしたのであります。

第一章でみたとおり、「五箇条の御誓文」はここまで理想的な内容ではなかった。ただ、漠然としたものだったので、マッカーサーが評価するぐらい再解釈の余地があった。

天皇は同じ記者会見でこうも述べている。

そして、日本人の誇りを日本の国民が忘れると非常に具合が悪いと思いましたから。

日本の国民が日本の誇りを忘れないように、ああいう立派な明治大帝のお考えがあったということを示すために、あれを発表することを私は希望したのです。

この言葉に違わず、「五箇条の御誓文」はこれ以降、日本の民主主義の証・伝統としてたびたび参照されることになった。GHQさえもある意味手玉に取ったわけで、天皇や側近たちのやり方はじつに鮮やかだった。

「あ、そう」

(昭和二一・一九四六年)

元旦の詔書は「人間宣言」ではなかったが、皇室の存続のためには、天皇と国民の結びつきが再確認されなければならなかった。こうして一九四六年二月一九日、天皇の戦後巡幸がはじまった。それは、天皇みずから全国をめぐり、国民を慰め、戦後復興を励ますことで、新しい皇室像を演出せんとする試みだった。
その最初の訪問地には、神奈川県が選ばれた。背広にソフト帽のいでたちで、天皇は昭和電工川崎工場にひょっこりとあらわれた。森暁《さとる》社長が直立して、「現在、幸い焼け残った設備で月産六千トンの硫安を生産しております。近く一万トンにする予定でございます」と報告すると、天皇は、

あ、そう。

と応じた。「あ、そう」。一般人同士のコミュニケーションでこんな返事をすれば失礼千万だが、天皇に他意はなかった。庶民とコミュニケーションを取ることなどなかったのだから、不自然な応えはやむをえなかった。
天皇は社長だけではなく、工員にも親しく話しかけた。

住宅や生活に不便はないか。

工員は「おかげさまでなんとか生活をしております」と答えた。それにたいする返事はやはり、

あ、そう。

だった。工員のなかには感動のあまり泣き出すものもいたという（読売新聞社編『昭和史の天皇1』）。この日、天皇は日産重工業横浜工場、神奈川県庁なども訪れた。その様子は、写真やラジオで報道され、新しい皇室像をひとびとに印象づけた。

翌二〇日も、天皇は神奈川県をめぐった。この日は、各地からの引き揚げ者を収容する救護所などを訪れ、一般邦人や元軍人に声をかけた。前日、ナウル島から引き揚げてきたばかりの元海軍大尉には、

みんな帰って来たの？　どんな状況かね。

と訊ねた。これまで大元帥として君臨していた天皇に話しかけられ、この元軍人はさだ

めし驚いただろう。この問いに「ハッ、みな元気でをります」と答えた。天皇はこれに、

あさう、**戦争中はまことにご苦労だつた。**

と返した（『昭和天皇語録』）。

「あ、そう」。天皇は国民からの言葉に、ほとんど決まってこう応えた。この独特の返事は、背広とソフト帽と並んで、戦後巡幸のトレードマークとなった。そんな「あ、そう」にも、さまざまなバリエーションがあった。

ああ、そう、そう。
あ、そう。
ああ、そーう。
ああ、そう、そうか。
あ、そう、ふーん。
ああ、そう、うん。

うん、うん。
うん、そう。
うん、そう、そう。
うん、そーか。

それぞれ微妙にニュアンスが異なり、「そう」の部分が「そーう」と長くなると、同感の意味が含まれたという（岩見隆夫『陛下の御質問』）。

それはともかく、戦後巡幸は一九五一年一一月まで断続的に行なわれ、北海道と沖縄を除く四五都府県に及んだ（北海道には、独立回復後の一九五四年八月に訪問した）。はじめはぎこちなかった天皇だったが、次第に国民とのやり取りもうまくなり、多くの場所で熱烈に歓迎された。

天皇と国民の結びつきは、こうして再確認された。戦後巡幸の試みは、その目的を十分に達成したのだった。

「『ヒトラー』に買収でもされたのではないか」

（昭和二一・一九四六年）

もちろん、これだけで戦後の皇室が盤石になったわけではなかった。極東国際軍事裁判（東京裁判）の開廷を一九四六年五月に控え、天皇の戦争責任論やそれにともなう退位論などもくすぶっていた。

そんななかで密かに歴史の回想と整理が行なわれた。同年三月から四月にかけて、天皇が田中義一内閣以降のできごとを語り、側近五人（松平慶民宮内相、木下道雄侍従次長、松平康昌宗秩寮総裁、稲田周一内記部長、寺崎英成宮内省御用掛）がそれを聞き取り、まとめたのである。このうち寺崎が筆記した記録が、『文藝春秋』一九九〇年一二月号に掲載されて話題になった。本書でもなんども引いてきた『昭和天皇独白録』がそれだった。

すでに述べたとおり、同書は天皇を免罪しようとする側面があった。ただ他方で、意外にも赤裸々な内容が含まれていることも指摘しなければならない。とくに人物評はかなり率直だった。東条については前章で触れたが、ほかの人物についてもつぎのような具合だった。


満洲事変の張本人［石原莞爾］。

完全に軍の「ロボット」［板垣征四郎］。

確乎たる信念と勇気とを缺いた［近衛文麿］。

神がゝりの傾向もあり、且経済の事も知らない。［中略］［内閣］改造問題にしても、側から云はれると直ぐ、ぐらつく、云ふ事が信用出来ない、その代り小磯は私が忠告すると直ぐに云ふ事をきく。それでゐて側から云はれると直ぐ、ぐらつく。つまり肚もなく自信もない［小磯国昭］。

高松宮はいつでも当局者の意見には余り賛成せられず、周囲の同年輩の者や、出入りの者の意見に左右され、日独同盟以来、戦争を謳歌し乍ら、東条内閣では戦争防止の意見となり、其后は海軍の意見に従はれた。開戦后は悲観論で、陸軍に対する反感が強かつた［高松宮宣仁親王］。

平沼は陸軍に巧言、美辞を並べ乍ら、陸軍から攻撃される不思議な人だ。結局二股を

天皇に酷評された松岡洋右。満鉄総裁、外相などを歴任した。

かけた人物と云ふべきである［平沼騏一郎］。

なかなか辛辣だった。そのなかでも、宇垣一成と松岡洋右にたいする評価はきわめて厳しかった。

宇垣は、陸相、外相、拓務相を歴任した軍人、政治家である。陸相時代には軍縮に取り組み、外相・拓務相兼任時代には、中国との和平交渉を模索した。かならずしも戦争推進論者ではなかったのだが、天皇の覚えはめでたくなかった。

外務大臣の宇垣一成は一種の妙な僻［癖］がある。彼は私が曖昧な事は嫌ひだといふ事を克く知つてゐるので、私に対しては、明瞭に物を云ふが、他人に対してはよく「聞き置く」と云ふ言葉を使ふ。聞き置くといふのは成程その通りに違ひないが相手方によつては「承知」と思ひ込むことがありうる。宇垣は三国同盟［三月事件か？

昭和六年三月、軍部クーデタによって、陸相宇垣一成を首相とする軍部内閣樹立を計画した事件」にも関係があつたと聞いてゐるがこれも怖らくはこの曖昧な言葉が祟つたのではないか。この様な人は総理大臣にしてはならぬと思ふ。

ただ、松岡への酷評にくらべれば、それも霞んでしまう。松岡は、第二次近衛文麿内閣の外相として、日独伊三国同盟や日ソ中立条約の締結を推進した。それが天皇の勘気に触れたらしく、「『ヒトラー』に買収でもされたのではないか」とまでこき下ろされた。

吉田善吾［海相］が松岡［洋右外相］の日独同盟論に賛成したのはだまされたと云つては語弊があるが、まあだまされたのである。日独同盟を結んでも米国は立たぬと云ふのが松岡の肚である。松岡は米国には国民の半数に及ぶ独乙種がゐるから之が時に応じて起つと信じて居た、吉田は之を真に受けたのだ。［中略］この［南部仏印］進駐は初めから之に反対してゐた松岡は二月の末に独乙に向ひ四月に帰って来たが、それからは別人の様に非常に独逸びいきになつた。恐らくは「ヒトラー」に買収でもされたのではないかと思はる。

現に帰国した時に私に対して、初めて王侯の様な歓待を受けましたと云つて嬉［喜］んでゐた。一体松岡のやる事は不可解の事が多いゝ《ママ》が彼の性格を呑み込めば了解がつく。彼は他人の立てた計画には常に反対する、又条約などは破棄しても別段苦にしない、特別な性格を持つてゐる。

かかる厳しい月旦評は、明治天皇のそれをほうふつさせる。さまざまな臣下と日々会わなければならない天皇は、その人物眼も研ぎ澄まされずにはいられなかった。問題も指摘される『昭和天皇独白録』だが、注意して読み解けば、依然として昭和天皇の本心を探れる貴重な資料なのである。

「君はいけるだろう、飲んでごらん」

（昭和二二・一九四七年）

明治天皇といえば、酒飲みとしても有名であった。昭和天皇はどうだったのだろうか。一九四七年六月一二日、天皇は、日本酒の名産地として名高い灘五郷の兵庫県酒造組合連合会事務所（本嘉納商店）を訪ねた。関西巡幸の一環だった。説明役の嘉納次郎右衛門会長は、菊正宗の醸造工程などを案内して、利き酒も勧めた。ところが天皇は、

自分はにおいをかいでもダメだ、君はいけるだろう、飲んでごらん。

といって、松平慶民宮内府（新憲法の施行にともない、宮内省を改組。一九四九年、宮内庁に）長官に新酒と大古酒の利き酒の茶碗を差し出すかっこうをした。これに松平が照れたので、天皇は声高く笑った（『昭和天皇語録』）。

このように天皇は、祖父と違ってまったく酒を受け付けなかった。その背景には、子供のころの「トラウマ」があった。

子供のころ、侍医から酒を飲まされて、酔っぱらってひどい目にあったことがある。

酷い侍医もいたものだ。天皇はこの話題が好みで、いろいろな席でよく話していた（『陛下の御質問』）。こうした事情もあって、天皇は国賓の晩餐会や新嘗祭の儀式のときも、酒は口をつけるぐらいだった。

酒にかんしてはこんなエピソードも伝わっている。戦時下のある日、天皇が、常侍官候所（当直の侍従や武官などの控室）に立ち寄った。すると、侍医のひとりが酔っぱらい、赤い顔で大いびきをかいて眠っていた。侍医は酒飲みばかりなのかと思うが、天皇はこれをみて、

これは病気ではないか。

と訊いた。そばに控えていた徳大寺実厚侍従が、「いいえ、酔っているのですから、さめれば平常にもどります」と答えると、天皇は

そうか、それならよいが……酒に酔うと、こんなになるのか。

とふしぎそうにしていたという。

そんなまじめな天皇だったが、こんな際どい冗談をいうこともあった。一九四九年の暮れ、天皇は雑誌『改造』の依頼で、一九五〇年新年号に御製七首を出した。これが話題となり、各誌から御製の依頼が殺到した。天皇はこれを知るや、

そう方々から頼まれては、ヒロポンの注射でもしなくては。

と軽口を叩いた（『昭和天皇語録』）。ヒロポンは大日本製薬の商品名だが、当時メタンフェタミンやアンフェタミンを主成分とする覚醒剤の代名詞だった。多忙な作家や歌手などが多用していたので、天皇のこの発言となったのだろう。ちなみに「覚せい剤取締法」ができるのは一九五一年のことだった。

もちろん、こうした際どい発言はたまたま漏れたわけではなかった。「気さくな天皇像」をアピールするために、意図的に発信されたものも多かった。そのため、多少割り引いて受け取らなければなるまい。

「わたくしの深く喜びとするところである」

（昭和二二・一九四七年）

「日本国憲法」は一九四六年一一月三日に公布され、一九四七年五月三日に施行された。これにより天皇は、「日本国の象徴」であり「日本国民統合の象徴」となった。今日に続く象徴天皇制のはじまりだった。

これにともなって、公式な天皇の言葉も易化した。それまでの難解な漢文訓読体から、より日常的な口語体に改められたのである。

まず、一九四六年六月二〇日、帝国議会開院式ではじめて口語体の勅語が採用された。

本日、帝国議会開院の式を行ひ、貴族院及び衆議院の各員に告げる。

今回の帝国議会は、帝国憲法の改正案をその議に付し、なほ、国務大臣に命じて緊要な予算案及び法律案を提出せしめる。各員心をあはせて審議し、協賛の任をつくすことを望む。

同年一一月三日の「日本国憲法」公布の勅語も、同じ文体だった。

本日、日本国憲法を公布せしめた。
この憲法は、帝国憲法を全面的に改正したものであつて、国家再建の基礎を人類普遍の原理に求め、自由に表明された国民の総意によつて確定されたのである。即ち、日本国民は、みづから進んで戦争を放棄し、全世界に、正義と秩序とを基調とする永遠の平和が実現することを念願し、常に基本的人権を尊重し、民主主義に基いて国政を運営することを、ここに、明らかに定めたのである。
朕は、国民と共に、全力をあげ、相携へて、この憲法を正しく運用し、節度と責任とを重んじ、自由と平和とを愛する文化国家を建設するやうに努めたいと思ふ。

つぎに、同月一六日に「当用漢字表」と「現代かなづかい」が告示されたことを受けて、同月二六日の帝国議会開院式の勅語は、当用漢字と現代かなづかいが用いられた。六月二

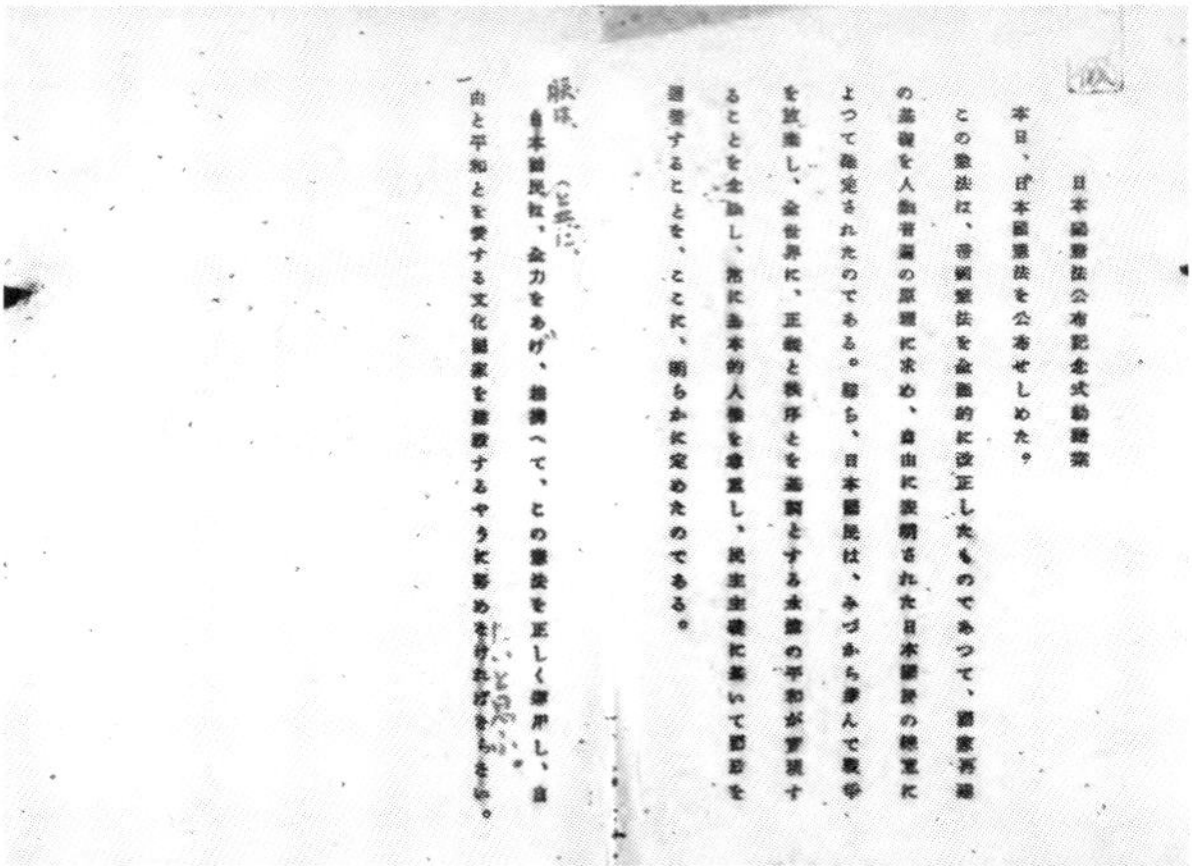
日本国憲法公布記念式勅語案

本日、日本国憲法を公布せしめた。

この憲法は、帝国憲法を全面的に改正したものであつて、国家再建の基礎を人類普遍の原理に求め、自由に表明された日本国民の総意によつて確定されたのである。即ち、日本国民は、みづから進んで戦争を放棄し、全世界に、正義と秩序とを基調とする永遠の平和が実現することを念願し、常に基本的人権を尊重し、民主主義に基いて国政を運営することを、ここに、明らかに定めたのである。

朕は、
（と共に）
日本国民は、全力をあげ、相携へて、この憲法を正しく運用し、自由と平和とを愛する文化国家を建設するやうに努めなければならない。

「日本国憲法公布記念式勅語案」（国立公文書館デジタルアーカイブ）。最後の段落に、あとから「朕」が挿入されたことがわかる。

○日の勅語と比較すると、その違いが鮮明だろう。

本日、帝国議会開院の式を行い、貴族院及び衆議院の各員に告げる。
朕は、国務大臣に命じて、日本国憲法の施行に関し必要な法律案その他緊要な議案を帝国議会に提出せしめる。各員心をあわせて審議し、協賛の任をつくすことを望む。

そして一九四七年五月三日の「日本国憲法」施行を経て、同年六月二三日、第一回の国会開会式に勅語が出された。ここでは、ついに一人称が「朕」から「わたくし」と改められた。

本日、第一回国会の開会式に臨み、全国民を代表する諸君と一堂に会することは、わたくしの深く喜びとするところである。

日本国憲法に明らかであるように、国会は、国権の最高機関であり、国の唯一の立法機関である。したがつて、わが国今後の発展の基礎は、一に国会の正しい運営に存する。

今や、わが国は、かつてない深刻な経済危機に直面している。この時に当り、われわれ日本国民が真に一体となつて、この危機を克服し、民主主義に基く平和国家・文化国家の建設に成功することを、切に望むものである。

『官報』で天皇の言葉は依然として「勅語」とされていたが、これも日本の独立回復後には「御言葉」に改められた。われわれが今日よく聞く「お言葉」や「おことば」も、このようにして成り立った。天皇の言葉は、わずか一年にして劇的に変化したのだった。

「共産党に対しては何とか手を打つことが必要と思うが」

（昭和二三・一九四八年）

「日本国憲法」において天皇は、「この憲法の定める国事に関する行為のみを行ひ、国政に関する権能を有しない」とされた。昭和天皇は、これをすんなりと受け入れ、適応し、これまでの言動を改めたのだろうか。

いや、そうではなかった。天皇は憲法の規定を超えて、しばしば行動し、発言した。その典型的な場面が内奏だった。天皇は旧憲法下と同じように、閣僚たちに政務の報告を求め、そこで政治的な発言を繰り返した。

一九四七年五月、新憲法下で初となる片山哲内閣が成立したが、天皇は芦田均外相に内奏を求めた。芦田は新憲法の制定に関わったこともあり、内奏に否定的だった。だが断りきれず、七月二一日、ついに天皇のもとに報告におもむいた。すると天皇は待ってましたとばかりにみずからの意見を開陳した。

日本としては結局アメリカと同調すべきで、ソ連との協力は六ヶ敷《むつかし》いと考へるが。

当時、東西冷戦がはじまりつつあった。君主として育てられ、成長し、軍事・外交に強い関心をもっていた天皇は、憲法の規定などお構いなしに、日本は西側につくべきだと主張したのである（『芦田均日記』）。

天皇は、GHQにも積極的に働きかけた。同年九月一九日、宮内府御用掛の寺崎英成を通じて、GHQ外交局長のシーボルトにメッセージを託した。それは、沖縄の軍事占領を長期にわたって望むという、驚くべきものだった。いわゆる「沖縄メッセージ」がこれだった。

シーボルトは翌日、報告書でマッカーサーに天皇のメッセージを伝えた。その詳細が今日残されている。間接話法（寺崎氏は、

芦田均首相。外相も兼任した。三党連立の「中道内閣」を組織するも、昭電疑獄で7ヶ月で倒れた。

天皇が～といっているといった）ではあるものの、貴重な証言だ。『昭和天皇実録』に収録された簡潔な要旨を掲げておく。

この報告には、天皇は米国が沖縄及び他の琉球諸島の軍事占領を継続することを希望されており、その占領は米国の利益となり、また日本を保護することにもなるとのお考えである旨、さらに、米国による沖縄等の軍事占領は、日本に主権を残しつつ、長期貸与の形をとるべきであると感じておられる旨、この占領方式であれば、米国が琉球諸島に対する恒久的な意図を何ら持たず、また他の諸国、とりわけソ連と中国が類似の権利を要求し得ないことを日本国民に確信させるであろうとのお考えに基づくものである旨などが記される。

元の報告書によれば、天皇は長期貸与の期間として具体的に「二五年ないし五〇年かそれ以上」を提案したともされる。

このメッセージについては、沖縄を切り捨てようとしたという見方があるいっぽうで、アメリカに特殊な軍事占領（主権を日本に残したままで長期貸与）をさせることで、動乱著しい東アジアのなかで、実質的に沖縄を守ろうとしたという見方も存在する。いずれにせよ、天皇は明らかに君主意識をもち、政治的な働きをしようとしていた。これは疑いえない。

天皇の動きはこれにとどまらなかった。一九四八年三月一〇日、芦田均内閣が成立すると、芦田首相にこう告げた（『芦田均日記』）。

共産党に対しては何とか手を打つことが必要と思うが。

また、四月七日には、人事にまで口を挟んだ。

政府の変る毎に宮内府の長官が交替するのは面白くないと思う。現在の長官、侍従長共によく気が合うので。

このような内奏は、その後の内閣にも引き継がれた。そして天皇の言動はやがて外部に漏れて、政治的な問題を引き起こすことにもなった（後述）。

また、GHQへの働きかけも続けられた。一九四九年一一月二六日、天皇はマッカーサーに面会し、あらためて共産主義にたいする危機感を語った。

ソ連による共産主義思想の浸透と朝鮮に対する侵略等がありますと、国民が甚だしく動揺するが如き事態となることを惧れます。ソ連が早期講和を称えるのも、共産主義に対する国民の歓心を買わんとする意図に外ならないものと思います。

一九五一年四月一五日にも、やはり同じことを語った。

共産主義思想の当然の結果［法的根拠もなくソ連と中共が天皇裁判を主張していること］でありましょう。日本の安定を破壊し国内治安を乱して革命へ持って行かんとするものでありましょう。

天皇の反共の意志は明確だった。その立場上当然とはいえ、これは戦前から戦後まで終始一貫していた（豊下楢彦『昭和天皇・マッカーサー会見』）。

「海外の領土をすべて失った事は大変な苦痛だ」

（昭和二七・一九五二年）

一九五一年九月九日（現地時間八日）、サンフランシスコで「日本国との平和条約」（サンフランシスコ講和条約）が締結された。同条約は四八カ国が調印したものの、一部の国の調印拒否・不参加などがあり、全面講和とならなかった。また同日、アメリカとの間に日米安全保障条約が締結された。こうして戦後日本の原型が形づくられた。

吉田茂首相。1946年から1954年まで5次にわたり内閣を組織した。尊皇家として知られ、首相として明仁親王の立太子礼の式典に臨んだ際に「臣茂」と自称した。

天皇はこれについて、ふたつの顔をのぞかせた。同月一五日、アメリカより帰国した吉田茂首相が講和会議の経過報告などにやってきた。天皇は、平和条約が予想外に寛大だったことを喜びつつも、こう本音を漏らした。

明治大帝の孫（である自分）の時代に、海外の領土をすべて失った事は大変な苦痛だ。

平和条約には、朝鮮、台湾など海外領土の放棄が含まれていた。天皇はその喪失について、苦痛だと述べたのである。吉田は「今更そのような事を悔やむ時期ではない」とたしなめたという（徳本栄一郎『英国機密ファイルの昭和天皇』）。

そのいっぽうで天皇は、同月一八日、リッジウェイ最高司令官に会見して、平和条約と安保条約について肯定的な感想を語った。リッジウェイは、同年四月に解任されたマッカーサーの後任だった。

有史以来未だ嘗て見たことのない公正寛大な条約［講和条約］が締結せられた。日米安全保障条約の成立も日本の防衛上慶賀すべきことである。

さすがにこちらでは海外領土の喪失には触れなかった（『昭和天皇・マッカーサー会見』）。とはいえ、それでも十分に政治的な発言だった。国内でも意見が分かれるふたつの条約について、「公正寛大」「慶賀すべき」との評価を与えたのだから。

以上は内々で語られたものだったので、問題にならずに済んだ。ただ一〇月一一日、国会開会式で朗読された勅語は、その限りではなかった。

戦争が終了してから六年の間、全国民のともに熱望してきた平和条約の調印がようやく終つたことは、諸君とともに、誠に喜びに堪えないところであります。

天皇はここで平和条約を「誠に喜びに堪えない」と述べた。それが、片面講和反対の声を無視・否定したものだとして、批判を引き起こしたのである。

そもそも「日本国憲法」に記された天皇の国事行為は、首相の任命、最高裁長官の任命、憲法改正・法律・政令・条約の公布、国会の召集、衆議院の解散など一三の行為に限られていた。つまり、「お言葉」の朗読や国会開会式への臨席は、地方巡幸や外国訪問などとともに、国事行為に含まれなかった。では、その憲法上の位置づけは一体なんなのか。

憲法を厳密に解釈して、これらの行為を寝起きや食事などと同じ純粋な私的行為として処理するのか。それは無理があろう。かといって、これらの行為をまったく廃止することも現実的ではなかった。そのため政府は、国事行為ではないが私的行為ともいいがたい、公的な性格が強い行為を新たに位置づける必要に迫られた。これはのちに「公的行為」と呼ばれて定着し、平成に入って大きく花開くことになる。

それはともかく、天皇の行為が問題になった関係で、国会開会式における「お言葉」もニュアンスを和らげなければならなかった。そこで、一九五二年一一月八日の第一五回国会より、「勅語」という戦前風の表現は「御言葉」という当たり障りのないものに置き換えられた（『官報』）。

天皇の言葉はこれ以降、「御言葉」「お言葉」「おことば」などと呼ばれるようになっていった。これが今日の「おことば」という呼称の濫觴《らんしょう》だった。

「雑草ということはない」

（昭和四〇・一九六五年）

ところで、天皇の名言とされるもののひとつに、

雑草という草はない。

があった。これは、一九六五年に最初の用例がみられる。

天皇が東京を留守にしていた九月上旬のある日、皇居を管理する庭園課の係から「吹上広芝のお庭の草が茂りすぎたので、那須からのお帰りまでに手を入れたいが」との問い合わせが宮内庁侍従職にあった。

就任して間もない田中直侍従がこの対応に当たった。田中がさっそく吹上広芝（吹上御所の前にある庭の部分）をみに行くと、名も知れない野草が咲き乱れ、ススキの一部は建物にまでよりかかっている状態だった。「両陛下のお住まいのお庭としては、これでは申しわけない」。そう考えた田中は、建物から一〇メートルぐらいの雑草と、吹上御所の裏にある侍従室の庭を、全部刈り取るように担当の係に依頼した。

そして九月中旬、天皇が那須から帰ってきた。間もなく田中にお呼びがかかった。お褒

めの言葉でももらえるのだろう。田中がそう期待して参上すると、予想外の質問が飛んできた。

どうして庭を刈ったのかね。

田中は「雑草が生い茂ってまいりましたので」と答えた。すると、天皇は一言こう述べた。

雑草ということはない。

田中は話がよく飲み込めなかった。それをみて天皇は、噛んで含めるように説明した。

どんな植物でも、みな名前があって、それぞれ自分の好きな場所で生を営んでいる。人間の一方的な考え方でこれを雑草としてきめつけてしまうのはいけない。注意するように。

やっと事情を理解した田中は、こうべを深く垂れて辞去するほかなかった（入江相政編『宮中侍従物語』）。これが雑草にかんする天皇の言葉で、最初のものだと思われる。

ぴったりそのものの言葉は、一九七四年から一九七六年までのあいだに発せられたらしい。三木武夫内閣の安倍晋太郎農林相が、旅行先で天皇の案内役をつとめたときのことだった。天皇は安倍から「ここから先は雑草です」と説明を受けるや、

雑草という草はない。

と異議を唱えたという。このエピソードが政界で有名になり、のち福田赳夫内閣の田村元運輸相が天皇に直接「非常に感動致しました」と伝えた。天皇はここでも言葉の意味をあらためて説明することになった（『陛下の御質問』）。

そんなに感動されても恥ずかしいのだけれども、ただ、雑草というのは人間のエゴからつけている呼び名である。かわいそうだよね。猛獣という言葉もあるけど、ライオ

ンやトラから見たら、一番の猛獣はあるいは人間かもしれないね。

雑草発言はますます広まり、一九八四年八月三一日には、那須御用邸で記者から「雑草という草はないとおっしゃられていますが、その意味は」と問われるまでになった。天皇の答えはほとんど同じだった（『昭和天皇語録』）。

どうも雑草という名前は、少し侮辱的な感じがして好まないのです。（雑草とは）道端に雑然と生えている植物をさすのではないかと考えています。米や麦などの生長を妨げるものもありますが、きれいな花が咲いたり、役に立つものもあるので、（雑草という名前は）どうもおもしろくないのです。

もっとも、天皇はあらゆる植物をすべからく愛護すべしと主張したわけではなかった。その証拠に、天皇は、吹上広芝で外来種のヒメジョオン、ハルジョオン、ヒメムカシヨモギのたぐいを見かけると、みずから積極的に抜いていった。天皇が異議を唱えたのは、あくまで雑草と一括りにすることだったようである。

「自衛隊の勢力は近隣諸国に比べて、そんなに大きいとは思えない」

（昭和四八・一九七三年）

ほのぼのとしたエピソードのかたわらで、天皇は相変わらず君主として振る舞っていた。終戦から三〇年近く経っても、その傾向は変わらなかった。

一九七三年五月二六日、第二次田中角栄内閣の増原恵吉防衛庁長官が内奏に訪れた。増原は、警察予備隊本部長官、保安庁次長、防衛庁次長を歴任した、防衛問題の専門家だった。このときも、自衛隊の歴史、近隣の軍事力、第四次防衛力整備計画、基地問題などについて、地図を広げて詳しく説明した。軍事・外交に一家言ある天皇は、ここで疑問を呈さずにはおれなかった（『陛下の御質問』）。

説明を聞くと、自衛隊の勢力は近隣諸国に比べて、そんなに大きいとは思えない。国会でなぜ問題になっているのか。新聞などでは随分大きいものをつくっているように書かれているが、この点はどうなのか。

増原はこれに「おおせの通りです。わが国の防衛は、憲法の建前を踏まえ、日米安保体制のもと、専守防衛で進めており、野党から批判されるようなものではありません」と答えた。天皇は我が意を得たりと増原を激励した。

防衛の問題は大変難しいが、国の守りは大事なので、旧軍の悪いことは見習わないで、いいところを取り入れてしっかりやってほしい。

内々の会話であれば、これで済んだかもしれない。ところが増原は、記者団にたいして天皇の発言を得々と話してしまった。このことが報道されると、野党から天皇の政治利用だとの囂々たる非難が巻き起こった。同月二九日、増原は引責辞任のやむなきにいたった。天皇はこの日、ことの顚末を聞いてこう漏らさざるをえなかった。

もうはりぼてにでもならなければ。

それでも、安全保障への天皇の関心は衰えなかった。一九七六年一一月、三木武夫内閣において、日本の防衛費はGNP（国民総生産）の一パーセントを超えないものとするとの閣議決定が行なわれた。一九八〇年代に入って防衛力整備の妨げになっても、その枠はなかなか撤廃されなかった。

天皇はこのような杓子定規の対応に不満で、一九八二年一〇月二九日、入江相政《すけまさ》侍従長に愚痴をこぼした（『入江相政日記』）。

GNPの何パーセントといふやうな数字の上の問題にとらはれず、防衛を高めることによつてソ連を刺激するバカらしさといふ高いところから意見を述べる政治家がゐない。

天皇にとって、軍事・外交は一丁目一番地だった。君主になるべく教育され、成長し、満洲事変からアジア太平洋戦争までつぶさにみてきたのだから、それも無理はなかった。新憲法の縛りも、この迫力の前ではいささか力不足だった。

「私が深く悲しみとする、あの不幸な戦争」

（昭和五〇・一九七五年）

天皇は、在位中に二度の外遊を行なった。一度目は、一九七一年のヨーロッパ歴訪、二度目は、一九七五年のアメリカ訪問だった。日本はすでに東京オリンピックを成功させ、GNPで世界二位の経済大国に躍進していた。天皇の外遊も、まったく苦にするところではなくなっていた。

まず、ヨーロッパ歴訪からみてみたい。天皇は、一九七一年九月二七日から一〇月一四日まで、ベルギー、イギリス、西ドイツを公式訪問し、デンマーク、フランス、オランダ、スイスを非公式訪問した。

このヨーロッパ歴訪は、しかし、天皇にとって苦い経験となった。たしかにヨーロッパは、皇太子時代にも訪れた、懐かしい場所だった。だが、そのあいだにはアジア太平洋戦争の暗い影があった。同地では天皇の戦争責任を問う声が根強いことを、天皇も、側近も、政府も、かならずしも深く認識できていなかった。
一〇月五日、ロンドンでエリザベス女王主催の歓迎晩餐会が開かれた。天皇はそこで、戦争責任にまったく触れず、思い出ばなしに終始した。これは、戦争に明確に言及した女王と著しい対比をなした。

わたくしどもは、貴国の空港に到着以来、貴国民の心の温かさを身にしみて感じております。それは今より五〇年前、イングランド及びスコットランドに滞在中わたくしに示された豊かな温情と全く変りがありません。当時わたくしは初めて貴国民の生活に触れ、この宮殿を知り、地方の村々を知ったのでありました。それ以来、わたくしは、貴国の社会制度及び国民、殊に陛下の御英明な祖父君に対し常に敬意をもち続けております。ジョージ五世陛下は王者の威厳と親子の愛情をもってわたくしを御引見下さいました。当時わたくしは同陛下から戴いた慈父のようなお言葉を胸中深くおさめた次第でありました。

この言葉が火に油を注いだ。抗議の声は鳴り止まず、天皇がキュー王立植物園に植えた日光産の杉も、翌日には何者かによって根本から伐り倒され、劇物の塩素酸ナトリウムをかけられてしまった。「彼等は無意味に死んだのではない」。あとにはそんな趣旨のプラカードだけが残された。

天皇への抗議は、つぎの訪問地オランダでいよいよ激しく燃え上がった。同月八日には、ハーグで天皇の車に液体入りの魔法瓶が投げつけられ、フロントガラスに亀裂を生じさせた。ここまでの厳しく冷たい反応はまったく予想の埒外だった。天皇も、つぎのような御製を詠まざるをえなかった。

戦にいたでをうけし諸人のうらむをおもひ深くつつしむ。

つづくアメリカ訪問で、同じ事態を繰り返すわけにはいかなかった。一九七四年一一月、アメリカ訪問に先立ってフォード大統領が来日すると、天皇は宮中晩餐会でみずから戦争の問題について言及した。

このような友好的な両国の間にも、一時はまことに不幸な時代をもちましたことは遺憾なことでありました。

このような下準備をした上で、翌年、天皇はアメリカに飛び立った。一〇月二日、ホワイトハウスで大統領夫妻主催の歓迎晩餐会が開かれた。天皇はここでも戦争の問題に言及することを忘れなかった。

私は多年、貴国訪問を念願にしておりましたが、もしそのことが叶えられた時には、次のことを是非貴国民にお伝えしたいと思っておりました。と申しますのは、私が深く悲しみとする、あの不幸な戦争の直後、貴国が、我が国の再建のために、温かい好意と援助の手をさし延べられたことに対し、貴国民に直接感謝の言葉を申し述べることでありました。当時を知らない新しい世代が、今日、日米それぞれの社会において過半数を占めようとしております。しかし、たとえ今後、時代は移り変わろうとも、この貴国民の寛容と善意とは、日本国民の間に、永く語り継がれて行くものと信じます。

アメリカ向けのメッセージなので英訳も慎重に検討され、「私が深く悲しみとする」の「悲しみとする」は「deplore」と訳出された。これは、「遺憾に思う」「深く悔いる」などを意味する。じつに最適な単語だった。

このような入念な準備が奏功し、天皇一行はアメリカの各地で歓迎された。天皇も安心したのか、サンディエゴの動物園ではオカピ（キリン科の偶蹄類）をみて、生物学者らしい喜びの歌を詠んだ。

オカピーを現つにみたるけふの日をわれのひと世のよろこびとせむ。

また、アナハイムのディズニーランドでは、ミッキーマウスらの出迎えを受け、パレードや電気自動車の乗車などを楽しんだ。天皇は、同園から非公式にミッキーマウスの腕時計を贈られ、これを数年にわたって愛用したという。

アメリカ訪問は、天皇にとって捲土重来の外遊となった。ただ、すでに七四歳となっていた天皇に、三回目の外遊の機会は訪れなかった。

「そういう言葉のアヤについては……」

（昭和五〇・一九七五年）

帰国後の一〇月三一日、天皇は皇后とともに、宮殿の石橋の間で日本記者クラブ主催の会見に応じた。訪米中の発言を受けて、ここでは長年タブーとされてきた戦争関係の質問が飛んだ。

まず、戦争責任について。「陛下は、ホワイトハウスの晩餐会の席上、『私が深く悲しみとするあの不幸な戦争』というご発言をなさいましたが、このことは、陛下が、開戦を含めて、戦争そのものに対して責任を感じておられるということですか。また陛下は、いわゆる戦争責任について、どのようにお考えになっておられますか」。まさに誰もが訊いてみたい質問だった。

しかるに、天皇はこれに正面から答えなかった。

そういう言葉のアヤについては、私はそういう文学方面はあまり研究もしてないので、よくわかりませんから、そういう問題についてはお答えができかねます。

つぎに、原爆投下について。「戦争終結に当たって、原子爆弾投下の事実を、どうお受止めになりましたのでしょうか」。これも際どい質問だった。天皇がもっと早くに終戦を決断していれば、原爆投下はなかったのではないか、との疑問が国内にくすぶっていたからだ。

この質問にたいし、天皇はある意味で率直に答えた。

原子爆弾が投下されたことに対しては遺憾には思ってますが、こういう戦争中であることですから、どうも、広島市民に対しては気の毒であるが、やむを得ないことと私は思ってます。

原爆投下は「遺憾」、広島市民は「気の毒」、だが、戦争中のことなので「やむを得ない」。さまざまな利害関係が存在するなかで、天皇の立場でこの問題について発言するのは、これが限界だったのかもしれない。

なお、この記者会見の様子は、はじめてテレビカメラで撮影され、その日のうちに各社で録画放送された。国民の注目度は高く、六四・五パーセントという驚異的な視聴率を叩き出した。そのときの映像をみると、天皇の喋り下手なのがよくわかる。身体を前後に動かし、言葉も切れ切れで、じつにたどたどしかった。

もちろん、質問内容に緊張したということもあるだろう。別の記者が「どういうふうなテレビ番組をご覧になりますでしょうか」と気軽な質問をすると、ややなめらかにこう答えた。

テレビはいろいろ見てはいますが、放送会社の競争がはなはだ激しいので、今、どういう番組を見ているかということには答えられません。

記者席からは、大きな笑い声が起こった（『陛下、お尋ね申し上げます』）。この答えのとおり、天皇はテレビをよく観ていた。大好きな相撲中継をはじめ、テレビ小説（ドラマ）、『皇室アルバム』などの皇室番組や、『小公女セーラ』などのアニメ番組まで、その範囲は広かった。
多忙な天皇は、ときに観たい番組の録画を頼んだ。一九七六年一〇月中旬、田中直侍従を呼んで、

すまないが、さかなちゃんをとっておいてくれないか。

と頼んだ。『さかなちゃん』は昼のテレビ小説だった。ただ、田中はこの番組を知らず、植物のアブラチャン（クスノキ科の落葉低木）のことだろうと思い、その枝を取って天皇に差し出した。田中は雑草刈り取り事件に続く失態だったが、天皇は笑ってこれを許した（『宮中侍従物語』）。
天皇はまた、あの国民的アニメも観ていた。一九八三年五月一三日の春の園遊会で、漫画家の長谷川町子にこう語った。

あのサザエさんね。漫画とかね、テレビでときどき見てるから。なかなかおもしろいものをやってますね。皆も喜んでいるようですから、しっかりやって下さい。

そして同年八月三〇日、朝の連続テレビ小説『おしん』についても感想を述べた。これは、山形の寒村に生まれた少女おしんが、明治から現在までさまざまな苦労を重ねて生き抜く姿を描いた作品で、当時大きな話題になっていた。

ええ、その当時、今「おしん」の映画《ママ》を始終見て、その当時の女性の苦労というものを非常に察していましたが、当時のそういうことはあまりよく知らなかった。苦労をしていたということは知ってましたけれども、それは非常に大ざっぱな感想しか私はその当時は承知してませんでした。その映画をみて非常にあの時の苦労を思い出しました。

おしんは、天皇と同い年という設定だった。それなのにまったく違う生活ぶりや境遇に、天皇も引きつけられたのかもしれない。このときばかりは、記者の質問ながら、まじめに答えていて興味深い（以上、『昭和天皇発言録』）。

「朝鮮に対しても本当にわるいことをしたのだから」

（昭和五七・一九八二年）

少し話がそれたが、戦争責任の問題は最晩年まで天皇を悩ませ続けた。一九七八年一〇月、中国の鄧小平副総理が日中平和友好条約の批准書交換のため来日したときには、非公式にこう述べてみずからの気持ちを語った。

わが国はお国に対して、数々の不都合なことをして迷惑をかけ、心から遺憾に思います。ひとえに私の責任です。こうしたことは再びあってはならないが、過去のことは過去のこととして、これからの親交を続けていきましょう。

鄧は予想外の言葉に驚き、しばらくして「お言葉のとおり、中日の親交に尽くしていきたいと思います」と答えた（『陛下の御質問』）。

いっぽう、韓国については、一九六五年に日韓基本条約が締結されたものの、なかなか言及する機会がやってこなかった。内々では、一九八二年七月二七日、歴史教科書問題で中韓から抗議を受けたことに関連して、

朝鮮に対しても本当にわるいことをしたのだから。

と感想を述べたことがあった。ただし、表沙汰にはなっていなかった（『入江相政日記』）。公式な発言の機会は、全斗煥大統領が国賓として来日したときにようやく訪れた。すなわち、一九八四年九月六日、天皇は宮中晩餐会で日韓の交流が古くからあることを指摘した上で、

このような間柄にもかかわらず、今世紀の一時期において、両国の間に不幸な過去が存したことは誠に遺憾であり、再び繰り返されてはならないと思います。

と述べたのである（『昭和天皇発言録』）。

このときの言葉は、外務省アジア局で原案が作成され、中曽根康弘首相の意向で謝罪の言葉が付け足されたといわれる。ただ、天皇も戦前から朝鮮や台湾の植民地統治について何度も懸念を表明していた。二年前の発言をみても、けっして不本意な言葉ではなかったのではないかと思われる。

「だから私あれ以来参拝していない。それが私の心だ」

（昭和六三・一九八八年）

とはいえ、これで天皇の苦悩がすっかり解消したわけではなかった。一九八七年四月七日、八五歳になっていた天皇は、小林忍侍従にその胸のうちを打ち明けた（「小林忍侍従日記」）。

仕事を楽にして細く長く生きても仕方がない。辛いことをみたりきいたりすることが多くなるばかり。兄弟など近親者の不幸にあい、戦争責任のことをいわれる。

1987年、一般参賀のひとびとに手を振る天皇。隣は香淳皇后(共同通信社提供)。

これまで大病をしなかった天皇も、寄る年波には勝てなかった。四月二九日の天皇誕生日の祝賀会で嘔吐し、その後も腹部の不快感を訴えるようになった。十二指腸部の腺癌だった。九月に外科手術が行なわれたが、もはや回復はむずかしかった(公式には、慢性膵炎と発表)。これで一〇月に予定されていた沖縄訪問も中止となってしまった。

その後、体調は少し持ち直した。この時期の発言として、靖国神社参拝に触れた重要なものが残っている。

天皇は、戦後も靖国神社に定期的に参拝していた。だが、一九七五年一一月を最後にそれが途絶えた。さまざまな憶測が流れたが、二〇〇六年七月二〇日の『日本経済新聞』に、その理由にかんする有力な証言が掲載された。元宮内庁長官の富田朝彦が記した、いわゆる「富田メモ」だった。

その一九八八年四月二八日の箇所には、つぎのような天皇の言葉が記されていた。


私は或る時に、A級が合祀され、その上松岡［洋右］、白取《ママ》［敏夫］までもが。

筑波［藤麿］は慎重に対処してくれたと聞いたが、松平［慶民］の子の今の宮司［松平永芳］がどう考えたのか、易々と、松平は平和に強い考があったと思うのに、親の心子知らずと思っている。

だから私あれ以来参拝していない。それが私の心だ。


一九七八年一〇月、東京裁判のA級戦犯一四人が、松平永芳宮司のもとで靖国神社に合祀された。天皇は、日独伊三国同盟を推進した松岡洋右や白鳥敏夫（駐イタリア大使）が含まれることに強い不快感を示し、参拝を止めたと述べているのである。

「富田メモ」は全文が公開されなかったため、発言の信憑性を疑う声も上がった。だが、二〇〇七年に公開された卜部亮吾侍従の日記にも「A級戦犯合祀が御意に召さず」との記述があり、現在ではほとんど問題になっていない。

天皇は最後まで戦争に向き合っていた。一九八八年八月、病身にもかかわらず、静養先の那須から自衛隊のヘリコプターで東京に戻り、一五日の全国戦没者追悼式に臨んだ。
それはまさに最後の力を振り絞ったものだった。天皇が倒れるのは、もう間もなくのことだった。

「雨が続いているようだが、稲作はどうか」

（昭和六三・一九八八年）

一九八八年九月一九日、天皇は吹上御所で大量に吐血し、病床についた。このことは大々的に報道されて、全国に自粛ムードが広がった。
二五日、天皇は目を覚ますと、近くの侍従に曜日を訊ねた。日曜日だった。

最後だね。相撲だよ。

テレビで相撲を観戦したい。天皇なりの婉曲な表現だった。侍従は天皇の容態をおもんぱかったが、その強い意志に折れて、結局中入り後すべての観戦を認めざるをえなかった。天皇は熱心にテレビを見つめた。検温のため侍医が横切ると、

見えないよ。

と文句をいった。そして千代の富士が勝つと、

全勝か？

と訊ねた。
天皇が倒れて以降、全国の宮内庁施設では天皇を見舞う国民の記帳が続けられていた。二七日、天皇は、藤森昭一宮内庁長官よりこのことを聞くと、感謝の気持ちを述べるとともに、全国の天候を心配した。

皆が心配してくれてありがとう。よろしく伝えてもらいたい。
雨が続いているようだが、稲作はどうか。

藤森は、「関東などは不良ですが、九州は良く、総体は、平年並みです」と答えつつも、内心で驚いていた。この質問は、吐血前に天皇からされ、「今度調べてご報告します」と答えていたものだったからだ。天皇はそのことをしっかり覚えていて、あらためて確認したのだった（日本テレビ報道局天皇取材班『昭和最後の日』）。

そして天皇は、最後の最後まで君主たらんとした。一〇月二日にソウルオリンピックが閉幕すると、さっそく朝鮮半島の情勢に思いを馳せた。

ソウルのオリンピックが無事に終わった。そこでこれから朝鮮半島情勢はどういう風に進んでいくのだろうか。

侍従は天皇の意向を受けて、外務省に問い合わせた（『昭和天皇発言録』）。

昭和天皇の武蔵野陵。大正天皇の多摩陵と同じく武蔵陵墓地に位置する。1990年に竣成した（2016年7月、著者撮影）。

だが、やがて天皇は昏睡状態に陥り、言葉も発せられなくなった。年末年始にかけて綱渡りが続いた。そして明くる一九八九年の一月七日、吹上御所で崩御した。八七歳だった。

昭和天皇はアジア太平洋戦争の敗戦後、皇室を存続させるために抜本的な変革を受け入れた。だが、それまでの君主としての振る舞いを完全に変えられるはずもなく、その後も政治的な言動を繰り返した。それはいわば、君主をやめられない症候群だった。そのためしばしば社会的な反響を引き起こし、さまざまな情報が公開されるようになった現在でも、議論が尽きることはない。

その意味で戦後の象徴天皇制は、昭和において未完だったといわざるをえない。その完成は、次代に持ち越されることになった。

第六章

今上天皇（平成の天皇）

象徴的行為への強い意志

「現代にふさわしい皇室の在り方を求めていきたい」

（平成元・一九八九年）

ついに平成にたどりついた。今上天皇（明仁）は、一九八九年一月七日に五五歳で即位した。これは歴代で二番目になる高齢の皇位継承だった。

今上天皇。1933年12月23日、昭和天皇の第1皇子として誕生。母は香淳皇后（共同通信社提供）。

今上天皇は、「天皇の退位等に関する皇室典範特例法」の施行により、二〇一九年四月三〇日に譲位することになっている。今後呼び名は変わるだろうが、本書では刊行時期にかんがみ今上天皇と記すこととする。

さて、今上天皇は即位以来、新しい天皇像を打ち出し、実践することに心を砕いてきた。二〇一六年八月八日に発表されたビデオメッセージ「象徴としてのお務めについての天皇陛下のおことば」の内容も、この文脈においてはじめて正確に理解することができる。

その詳細はのちに触れるとして、まずは、一九八九年八月四日の記者会見をみなければならない。天皇はここで「即位されるにあたり、改めて心に期された点がおありですか」と訊かれてこう明確に答えた。

> 憲法に定められた天皇の在り方を念頭に置き、天皇の務めを果たしていきたいと思っております。国民の幸福を念じられた昭和天皇を始めとする古くからの天皇のことに思いを致すとともに、現代にふさわしい皇室の在り方を求めていきたいと思っております。

現憲法では、天皇は「日本国の象徴」「日本国民統合の象徴」であり、「国事に関する行為」（国事行為）のみを行なうと規定されている。すでに述べたとおり、国事行為は限定的に列挙されているため、そこに解釈の余地はほとんどない。

それにもかかわらず、天皇はここで「昭和天皇を始めとする古くからの天皇のこと」を参照しつつも、「現代にふさわしい皇室の在り方を求めていきたい」と述べている。これは、国事行為のみ淡々とこなして終わりではないという、天皇の強い意志のあらわれにほかならなかった。

天皇は、この考えを一貫して変えず、即位一〇年と同二〇年の記者会見でもほぼ同じ言葉を繰り返した。

即位以来、天皇は日本国の象徴であり、日本国民統合の象徴であるという憲法の規定に心し、昭和天皇のことを念頭に置きつつ、国と社会の要請や人々の期待にこたえて天皇の務めを果たしてきました。

日本国憲法では、「天皇は、日本国の象徴であり日本国民統合の象徴」と規定されています。私は、この20年、長い天皇の歴史に思いを致し、国民の上を思い、象徴として望ましい天皇の在り方を求めつつ、今日まで過ごしてきました。

昭和天皇は、現憲法の施行後も君主として振る舞おうとし、政治的な言動を止めなかった。それは明らかに国事行為の範囲を逸脱したものだった。今上天皇はそれにならうつもりはなかったが、かといって、限定的な国事行為にとどまるつもりもなかった。そのような形式主義に陥れば、天皇の権威を確立できず、皇室の存在意義も疑われる恐れがあったからだ。

ではどうするか。天皇は「象徴」という部分を解釈し、「公的行為」を拡充することをもって突破口とした。象徴という言葉は、国事行為にくらべて厳密に定義されておらず、柔軟に運用する余地があった。国事行為と私的行為の中間に位置する、公的行為についてもまた同じだった。天皇は象徴と公的行為のふたつによって、憲法を守りつつも、形式主義に陥らない、象徴天皇制の理想的な姿を追求しようとしたのである。

「長い避難生活の苦労は、はかり知れないものと察しております」

（平成三・一九九一年）


　このような天皇の試みは、旅となって結実した。日本各地や世界をまわり、ひとびとと直に接することで、国民の統合や国際親善を図ること。それが、天皇の考える公的行為の核心だった。

　なかでも災害の見舞いと戦争の慰霊は、その枢要を占めた。現在では天皇の代表的な姿とも目されているこのふたつの行為は、じつは平成の時代になって確立されたものなのである。

　災害の見舞いは、皇太子時代を除くと、一九九一年を嚆矢とする。六月三日、長崎県島原半島の雲仙岳で大規模な火砕流が発生した。天皇は七月一〇日、早くも皇后とともに同県へ向かった。そして避難場所を訪れると、ときに地べたに正座して、被災者の話に熱心に耳を傾けた。この驚くべき低姿勢、被災者目線は、保守派の論客から批判されるほどに斬新なことだった。

天皇は、この年の誕生日会見（事前に行なわれ、当日の一二月二三日に一斉公開される）でも、つぎのように被災者への思いを語った。

国内では、雲仙・普賢岳の噴火による災害や、台風による災害で、多くの人命が失われたことは誠に残念なことでした。殊に雲仙・普賢岳の噴火は依然として続いており、終息する兆候も認められません。長い避難生活の苦労は、はかり知れないものと察しております。

災害の見舞いは、一九九三年の北海道南西沖地震、一九九五年の阪神・淡路大震災、二〇〇四年の新潟県中越地震、二〇〇七年の新潟県中越沖地震、二〇一一年の東日本大震災および長野県北部地震、二〇一四年の八月豪雨、二〇一五年の九月関東・東北豪雨、二〇一六年の熊本地震、二〇一七年の九州北部豪雨でも、欠かさず行なわれた。復興状況を確認するとして、数年後に被災地を訪れることも「平成流」だった。

いっぽう戦争の慰霊は、一九九五年を重要な画期とする。終戦五〇年の節目であり、天皇はやはり皇后とともに、戦災がとくに激しかった長崎、広島、沖縄、東京（東京都慰霊堂）を訪れた。この年は阪神・淡路大震災なども起こったため、誕生日会見の内容も自然重苦しいものとなった。

今年は誠に心の重い年でした。年の初めに阪神・淡路大震災が起こり、これが何よりも心の痛むことでした。５５００人を超す人々の命が失われ、多くの人々が長く苦労の多い避難生活に耐えねばなりませんでした。殊に高齢の被害者の気持ちはいかばかりであったかと察しています。［中略］今年は戦争が終わって50年という節目の年に当たり、戦争の災禍の最も激しかった長崎、広島、沖縄、東京を訪れ、また、８月15日の戦没者追悼式に臨んで、戦禍に倒れた人々の上を思い、平和を願いました。また、今年は硫黄島やハバロフスクで慰霊祭が行われました。希望に満ちた人生に乗り出そうとしていた若い人々が戦争により、また、厳しい環境の中で病気により亡くなったことを深く哀惜の念に感じます。今日の日本がこのような犠牲の上に築かれたことを心に銘じ、これからの道を進みたいものと思います。［中略］

特に今年は、戦後50年ということで、これに関係した本に目を通したいと考え、公務に関わる以外のかなりの時間、そういう本を読みつつ、過去に思いを致しました。

天皇は、昭和の戦争について深く考えを巡らせていた。会見の言葉にたがわず、『牧野伸顕日記』『木戸幸一日記』など昭和史の重要資料に目を通し、その内容について側近に問いかけることもあった（渡邉允『天皇家の執事』）。

『牧野伸顕日記』（中央公論社）とか『木戸幸一日記』（東京大学出版会）にこういうことが書いてあるが、読んだか。

民間の専門家にもその問いは投げかけられた。二〇一六年六月一四日のことだが、天皇は私的懇談の場で、歴史家の半藤一利と保阪正康に、『昭和天皇実録』についてこう訊ねた（保阪正康『天皇陛下「生前退位」への想い』）。

実録はお読みになりましたか。どのような感想をもたれましたか。

このように、天皇の念頭から戦争の二文字が消えることはなかった。慰霊の旅も、つぎの節目である二〇〇五年、海外にまで広がった。高齢をおして「やらなくていいこと」をあえてやっている。このことこそ、天皇が旅を重んじているという証拠でなくてなんであろう。

「先例を云々するのはおかしい」

(平成九・一九九七年)

そんな旅先のなかでも、天皇はとくに沖縄を重んじた。皇太子時代よりたびたび足を運び、沖縄への思いを語り、琉歌(八・八・八・六音からなる現地の叙情詩)にも取り組んでいた。

一九九七年二月に屋良朝苗《やらちょうびょう》が亡くなったときも、その思いの一端が明らかになった。屋良は、本土復帰後に最初の県知事をつとめた政治家だった。天皇はその訃報を聞くや、葬儀に供花するように希望した。

ただ、天皇皇后の供花には基準があり、県知事の経験だけではそれを満たせなかった。そのため、渡邉允侍従長が先例のない旨を告げると、天皇はいつにない口調でこう反論した。

屋良さんは普通に県知事を経験した人とはちがう。沖縄が日本に復帰して初めての沖縄県知事を務めたという人は他にいないはずだ。先例を云々するのはおかしい。

そして天皇は、屋良夫人へ弔意も伝えるように指示した。渡邉は、みずからの浅慮を恥じて、指示どおりの対応を行なった（『天皇家の執事』）。

ちなみに、天皇は侍従を含めてすべてのひとを「さん」づけしており、これは呼び捨てが基本だった先代までと大きく変わった点だった。そのほぼ唯一の例外が「さかなクン」だった（二〇一〇年の誕生日会見）。

このクニマス発見に大きく貢献され、近くクニマスについての論文を発表される京都大学中坊教授の業績に深く敬意を表するとともに、この度のクニマス発見に東京海洋大学客員准教授さかなクン始め多くの人々が関わり、協力したことをうれしく思います。

それはともかく、沖縄にかんする「お言葉」はこれにとどまらなかった。一九九九年一一月一〇日、在位一〇年で記者会見したおりも、天皇はやはりその気持ちを率直に吐露した。

沖縄県では、沖縄島や伊江島で軍人以外の多数の県民を巻き込んだ誠に悲惨な戦闘が繰り広げられました。沖縄島の戦闘が厳しい状態になり、軍人と県民が共に島の南部に退き、そこで無数の命が失われました。島の南端摩文仁に建てられた平和の礎には、敵、味方、戦闘員、非戦闘員の別なく、この戦いで亡くなった人の名が記されています。そこには多くの子供を含む一家の名が書き連ねられており、痛ましい気持ちで一杯になります。さらに、沖縄はその後米国の施政下にあり、27年を経てようやく日本に返還されました。このような苦難の道を歩み、日本への復帰を願った沖縄県民の気

> 持ちを日本人全体が決して忘れてはならないと思います。私が沖縄の歴史と文化に関心を寄せているのも、復帰に当たって沖縄の歴史と文化を理解し、県民と共有することが県民を迎える私どもの務めだと思ったからです。後に沖縄の音楽を聞くことが非常に楽しくなりました。

天皇はまた、こんな細やかな配慮もみせた。ある年の歌会始めのお題に、「駅」が候補のひとつとして提出されたことがあった。天皇は、すべての国民が詠みやすいように毎年慎重にお題を選ぶが、このときも、

> 沖縄県には鉄道がなく、したがって駅がない。この題は、沖縄の人には詠みにくいだろう。

と述べて、別のお題を選んだ。二〇〇三年に、沖縄都市モノレール線が開通する前のことだった。「日本国民統合の象徴」と一口にいっても、それは日々のこうした行動の積み重ねにかかっているのである。

せっかくなので、天皇の琉歌も紹介しておきたい。二〇〇四年一月、天皇は皇后とともに沖縄を訪れ、国立劇場おきなわの柿落《こけら》とし公演「執心鐘入」を観劇した。国立劇場の設置は、東京の国立劇場、国立能楽堂、新国立劇場、大阪の国立文楽劇場につづいて、五番目だった。天皇はそのことを痛く喜び、つぎのように詠ってその門出を祝った。

国立劇場沖縄に開き執心鐘入見ちやるうれしや

コクリツゲキジョウ　ウチナーニフィラチ　シュウシンカネイリ　ンチャルウリシャ

この御製の歌碑は現在、同劇場の構内に建てられている（『天皇家の執事』）。

「韓国とのゆかりを感じています」

（平成一三・二〇〇一年）

二〇〇二年は、日本と朝鮮半島との関係が大きく揺れ動いた年になった。五月から六月まで日韓共催のサッカー・ワールドカップが開かれ、九月には平壌で小泉純一郎首相と金正日国防委員長の日朝首脳会談が行なわれた。こうしたことが発端となり、「ネット右翼」や「嫌韓」など現代日本に暗い影を落とす現象も発生したといわれている。

皮肉なことに、天皇はその前年の誕生日会見で、朝鮮半島とのゆかりをかなり具体的に語っていた。

> 日本と韓国との人々の間には、古くから深い交流があったことは、日本書紀などに詳しく記されています。［中略］私自身としては、桓武天皇の生母が百済の武寧王の子孫であると、続日本紀に記されていることに、韓国とのゆかりを感じています。武寧王は日本との関係が深く、この時以来、日本に五経博士が代々招へいされるようになりました。また、武寧王の子、聖明王は、日本に仏教を伝えたことで知られております。
> しかし、残念なことに、韓国との交流は、このような交流ばかりではありませんでした。このことを、私どもは忘れてはならないと思います。
> ワールドカップを控え、両国民の交流が盛んになってきていますが、それが良い方向

に向かうためには、両国の人々が、それぞれの国が歩んできた道を、個々の出来事において正確に知ることに努め、個人個人として、互いの立場を理解していくことが大切と考えます。ワールドカップが両国民の協力により滞りなく行われ、このことを通して、両国民の間に理解と信頼感が深まることを願っております。

桓武天皇の生母・高野新笠《たかののにいがさ》は、百済の武寧王の子・純陀太子から出たと『続日本紀』に記されている。天皇はこのような故事を引くことで、国際親善の役割を果たそうとしたのだろう。

しかし、日本社会はこのような天皇の意向とは別の方向に進んでいった。時代は下って二〇一七年九月、天皇は皇后とともに埼玉県の高麗神社を参拝した。同社は、朝鮮半島からの渡来人にゆかりをもつ神社だった。そのため、さまざまな反響を引き起こしたが、インターネット上には天皇皇后が「反日左翼」だとするものまであった。隔世の感を覚えざるをえない。

「韓国とのゆかり」発言も、いまでは政治的に聞こえかねない。ただ国際親善の「お言葉」は、形式的な社交辞令にとどまらず、具体的な歴史や固有名が織り込まれるのを常としている。二〇〇一年のそれも、元来けっしてその域を出るものではなかった。あまりに変わり果てたのは、われわれの社会のほうだった。

「強制になるということでないことが望ましい」

（平成一六・二〇〇四年）

一九九九年八月、「国旗国歌法」が公布されて「君が代」が日本の国歌だと法的に定められた。これに先立ち、「君が代」の「君」は、「大日本帝国憲法下では主権者である天皇を指していたと言われているが、日本国憲法の下では、日本国及び日本国民統合の象徴である天皇と解釈するのが適当であると考える」との政府見解が明らかにされた。

このような政府見解を待つまでもなく、歴史的にみて「君が代」は天皇讃歌である。政府の式典などで「君が代」が斉唱されるとき、天皇が歌わないのも、自画自賛になってしまうという当たり前の理由以外のなにものでもない。

昭和天皇は戦後に、「君が代」を歌うか歌わないかは気持ちの問題であって、義務ではないとの趣旨の言葉を残した。これも、自分を讃える歌だからこそいえることだった。

さて「国旗国歌法」の制定後、全国の公立小中高校の入学式・卒業式で、「君が代」斉唱を完全実施するように文部科学省や教育委員会の指導が強化されていった。東京都では、二〇〇三年の通達で「君が代」斉唱の実施が強く進められ、起立・斉唱に応じなかった教職員にたいする懲戒処分などが行なわれた。

そんな最中の二〇〇四年、偶然にも天皇本人の意向が明らかになった。一〇月二八日の秋の園遊会で、東京都教育委員も務める棋士の米長邦雄が、天皇にたいして「一生懸命頑張っております。日本中の学校で国旗を掲げ国歌を斉唱させるのが私の仕事であります。頑張っております」と話しかけた。咄嗟のことだったが、天皇はこれにこう切り返した。

やはりあのう、あれですね、強制になるということでないことが望ましいと思います。

米長は「もちろんそうです。すばらしいお言葉ありがとうございます」と応じた（『天皇家の執事』）。政治性は薄かったが、「君が代」で讃えられている当人の発言だけに、とくにひとびとの耳目を集めた。

なお、二〇〇五年四月二五日、天皇は、ノルウェー訪問前の記者会見であらためて国旗国歌について問われて、やはりこう答えた。

世界の国々が国旗、国歌を持っており、国旗、国歌を重んじることを学校で教えることは大切なことだと思います。

国旗、国歌は国を象徴するものと考えられ、それらに対する国民の気持ちが大事にされなければなりません。

もっとも、文部科学省などの働きかけもあり、公立小中高校の入学式・卒業式での「君が代」斉唱の実施率は、二〇〇〇年代前半にほぼ一〇〇パーセントに達した。さらに二〇一一年には大阪府で、二〇一二年には大阪市で、それぞれ「国旗国歌条例」が制定され、教職員の起立と斉唱が義務づけられた。

そのあいだには、国際試合の「君が代」斉唱の場面で、口を開かないスポーツ選手にたいするチェックとバッシングなども発生した。こうして「君が代」は、「歌えば愛国、歌わなければ非国民」「歌えば適正公務員、歌わなければ不良公務員」というように、愛国や服従のリトマス試験紙のようにもなってしまった。

「サイパン島にだけでも行かれないものか」

（平成一七・二〇〇五年）

二〇〇五年、ふたたび終戦の節目の年がやってきた。一九九五年に国内で慰霊の旅を行なった天皇は、今度は太平洋の島々への渡航を望むようになった。かつて昭和天皇が盛んに決戦を求めていた激戦地である。

日本政府が建てた慰霊碑は、マーシャル諸島のマジュロ島、パラオのペリリュー島、そして北マリアナ諸島のサイパン島に点在していた。二〇〇四年に宮内庁、外務省、警察庁の担当者によって現地調査が実施されたものの、どこも不便な場所で今上天皇の訪問はむずかしそうだった。それでも天皇は諦めず、来年は戦後六十年でもあり、サイパン島にだけでも行かれないものか。

と希望したため、なんとか同島の訪問だけが実現した（『天皇家の執事』）。六月二七日、出発にあたって、羽田空港でいつにない長文の「お言葉」が朗読された。天皇は、終戦六〇年にあたってサイパン島を訪問すること、同島がかつて日本の委任統治領だったこと、そして一九四四年のサイパン島の戦いでは、日本人だけではなく、米軍や島民からも犠牲者を出したことなどを述べた上で、こう続けた。

私どもは10年前、終戦50年に当たり先の大戦で特に大きな災禍を受けた東京、広島、長崎、沖縄の慰霊の施設を巡拝し、戦没者をしのび、尽きることのない悲しみと共に過ごしてきた遺族に思いを致しました。また、その前年には小笠原を訪れ、硫黄島において厳しい戦闘の果てに玉砕した人々をしのびました。

この度、海外の地において、改めて、先の大戦によって命を失ったすべての人々を追悼し、遺族の歩んできた苦難の道をしのび、世界の平和を祈りたいと思います。

サイパン島のバンザイ・クリフで黙禱する天皇と皇后。バンザイ・クリフは、1944年のサイパン島の戦いで、米軍に降伏しなかった民間人らが「天皇陛下万歳」と叫んで海に身を投げた場所として知られる(共同通信社提供)。

私ども皆が、今日の我が国が、このような多くの人々の犠牲の上に築かれていることを、これからも常に心して歩んでいきたいものと思います。

天皇は皇后とともに、サイパン島で中部太平洋戦没者の碑に拝礼した。それだけではなく、朝鮮半島出身者の慰霊碑、沖縄県出身者の慰霊碑、アメリカ慰霊公園、現地島民のためのマリアナ記念碑、米軍人のための第二次世界大戦慰霊碑もまわって拝礼した。出発前の発言どおりに、すべての戦没者を慰霊するとのかたちを取ったのである。

そして天皇一行は、最後に島の敬老セ

ンターを訪れた。高齢者たちは、音楽演奏などで迎えたのだが、そのなかに「海ゆかば」の歌唱があった。一九三七年一〇月、日中戦争の劈頭に発表された軍歌だった。

海ゆかば　みづくかばね
山ゆかば　草むすかばね
大君の　へにこそしなめ
かへりみはせじ

「海でも山でも、天皇のおそばで死ぬ覚悟だ。打ち捨てられた屍となっても構わない」。高齢者たちはニコニコと歌った。懐かしい歌だったのだろう。だが、天皇はぐっと表情を引き締めた。「あなたのために死にます」といわれているのだから当然だった。

しかも、かつての委任統治領であり激戦地でもあったサイパン島の高齢者からの歌がこれだったのだ。同島の訪問を切望した天皇の心に、去来したものはなんだったのだろうか。残念ながら、それを示す「お言葉」は現在のところ確認されていない。

「私は譲位すべきだと思っている」

（平成二二・二〇一〇年）

このように精力的に日本全国、そして世界を旅してきた天皇だが、二〇〇〇年代に入り、病に悩まされるようになった。二〇〇三年には前立腺癌の手術を受け、二〇〇八年には不整脈を発症した。同年、天皇は七五歳になった。それでも天皇は強い意志で、公的行為を止めようとしなかった。

二〇〇九年四月八日、天皇は結婚満五〇年に際しての記者会見で、「お二人で築きあげてきた時代にふさわしい新たな皇室のありよう、一方で守ってこられた皇室の伝統」について訊ねられ、つぎのように答えた。

時代にふさわしい新たな皇室のありようについての質問ですが、私は即位以来、昭和天皇を始め、過去の天皇の歩んできた道に度々に思いを致し、また、日本国憲法にあ

> る「天皇は、日本国の象徴であり日本国民統合の象徴」であるという規定に心を致しつつ、国民の期待にこたえられるよう願ってきました。象徴とはどうあるべきかということはいつも私の念頭を離れず、その望ましい在り方を求めて今日に至っています。なお大日本帝国憲法下の天皇の在り方と日本国憲法下の天皇の在り方を比べれば、日本国憲法下の天皇の在り方の方が天皇の長い歴史で見た場合、伝統的な天皇の在り方に沿うものと思います。

前半は、即位直後の「お言葉」と大きく変わらない。「象徴とはどうあるべきか」という悩みも、象徴という言葉が憲法で厳密に定義されておらず、したがってそこに「望ましい在り方」を求めて試行錯誤できる余地があることを示唆した。

問題は後半だった。天皇はここで、旧憲法下の天皇のあり方と現憲法下のそれを比較し、後者のほうが「伝統的な天皇の在り方に沿う」と述べた。つまり、象徴天皇制こそ伝統に近いと主張したのである。皇太子時代に似たような発言はあったものの、天皇としてはかなり踏み込んだ発言だった。

同じような考えは、同年一一月六日、即位二〇年に際しての記者会見でも繰り返された。

天皇はそこで、あくまで伝統を踏まえているのであって、「平成の象徴像」をとくに打ち出すつもりはないと述べた。

とはいえ、それは天皇自身を拘束する言葉にもなった。公的行為＝旅こそ天皇の核心なのだとすると、いかに高齢でも病でも、こうした営為を簡単に止めるわけにはいかなくなるからである。

ではどうするか――。自身より若く健康な皇太子に皇位を譲るしかない。天皇は、譲位との結論にたどりついた。

二〇一〇年七月二二日、天皇は、皇室の重要事項を話し合う参与会議で、皇后、羽毛田信吾宮内庁長官、川島裕侍従長、そして三名の宮内庁参与（天皇の私的な相談役）という限られたメンバーを前にこう切り出した。

私は譲位すべきだと思っている。

参加者は突然の表明に驚き、口々に摂政の設置を提案した。皇后もこれに同調した。だが、天皇は強い口調で反論した。

摂政では駄目なんだ。

天皇の考えでは、天皇の行為は摂政では代行できず、大正時代の先例も、大正天皇の病気によってやむをえず行なわれたものであって、先例として踏襲するべきではなかった。議論は白熱し、天皇が席を立ったとき、時刻は深夜一二時をすぎていた（「皇后は退位に反対した」『文藝春秋』二〇一六年一〇月号）。

その後も天皇は、象徴としての務めを果たし続けた。二〇一一年三月の東日本大震災ではビデオメッセージを発表し（「東北地方太平洋沖地震に関する天皇陛下のおことば」）、皇后とともになんども被災地に足を運んで、被災者を励まし、慰めた。そのかたわらで、二〇一二年二月には心臓の外科手術を受けた。残された時間はあまり多くなかった。

このような体調をおもんぱかって、天皇は国事行為に専念するか、国事行為と最小限の公的行為のみを行なうように改めるべきではないかとの意見も噴出した。だが、天皇はこれに反対だった。二〇一二年の誕生日会見で、はっきりとこう述べた。

天皇の務めには日本国憲法によって定められた国事行為のほかに、天皇の象徴という立場から見て、公的に関わることがふさわしいと考えられる象徴的な行為という務めがあると考えられます。毎年出席している全国植樹祭や日本学士院授賞式などがそれに当たります。いずれも昭和天皇は80歳を越しても続けていらっしゃいました。負担の軽減は、公的行事の場合、公平の原則を踏まえてしなければならないので、十分に考えてしなくてはいけません。今のところしばらくはこのままでいきたいと考えています。

天皇はここで、「天皇の象徴という立場から見て、公的に関わることがふさわしいと考えられる象徴的な行為」という言葉を用いている。公的行為という言葉は使われていないものの、それを実質的に包含するものとみてよい。そして天皇がこれを重んじる以上、負担軽減の選択肢はありえなかった。

かくしてパズルのピースは揃った。二〇一六年のビデオメッセージまで、あと一歩だった。

「さきの大戦に対する深い反省と共に」

（平成二七・二〇一五年）

みたび節目の年がやってきた。二〇一五年、終戦七〇年の到来だった。天皇は一月一日の新年の感想において、いきなり目を引く「お言葉」を繰り出した。すなわち、東日本大震災などに触れたあとで、こう述べたのである。

本年は終戦から70年という節目の年に当たります。多くの人々が亡くなった戦争でした。各戦場で亡くなった人々、広島、長崎の原爆、東京を始めとする各都市の爆撃などにより亡くなった人々の数は誠に多いものでした。この機会に、満州事変に始まるこの戦争の歴史を十分に学び、今後の日本のあり方を考えていくことが、今、極めて大切なことだと思っています。

「満州事変に始まるこの戦争」。この表現に一部の界隈がざわついた。というのも、昭和戦前期の一連の軍事衝突や戦争については、どこを区切りとするのかについて、学術的にかならずしも定説がないからだ。満洲事変からアジア太平洋戦争まで一貫した戦争だったとする見方（いわゆる一五年戦争史観）もあれば、満洲事変と日中戦争・アジア太平洋戦争は連続していない（一九三三年に塘沽停戦協定が結ばれたので）とする見方もある。

このような軍事衝突や戦争は、これまでの「お言葉」では、時期を曖昧にして「先の大戦」や「先の戦争」などといわれてきた。それにもかかわらず、天皇はこのとき、「満州事変に始まるこの戦争」との表現をあえて使った。歴史認識の問題に深入りしかねない、なかなか思い切った言葉づかいだった。

さて、天皇はこの年も慰霊の旅におもむいた。今回の旅先は、パラオのペリリュー島だった。

パラオはこの一〇年で滑走路が延伸されるなどしていたが、それでもサイパン島より遠く、警備などの面でなお大きな制約があった。そこで天皇と皇后は、海上保安庁の巡視船に一泊することで、こうした問題に対処した。八一歳の天皇にとっては苛酷な旅となった。

ペリリュー島は、一九四四年九月から一一月にかけて、日米で激戦が行なわれた。昭和天皇はその戦いぶりを一一回にわたって嘉したほどだった。今上天皇は慰霊の旅に先立って、専門家や元軍人から話を聴くことを常としていたが、今回もやはり同島で戦った元軍人ふたりを御所に招いた。

その当日、天皇はあいにく風邪で熱があったが、

これには出なければならない。

といって断行し、ふたりをねぎらった（川島裕『随行記』）。この旅にかける、天皇の並々ならぬ熱意を感じずにはおれない。

こうして二〇一五年四月、ペリリュー島に飛び立った天皇は、日本政府が建てた西太平洋戦没者の碑に供花し、またアメリカ陸軍の第八一歩兵師団慰霊碑にも供花した。それはサイパン島のときと同じく、すべての戦没者を悼むとの立場から出た行為だった。

そして八月一五日。この日催された全国戦没者追悼式でも、天皇は印象的な言葉を残した。すなわち、前年までなかった「さきの大戦に対する深い反省と共に」という一節を、新たに付け加えたのである。

「戦没者を追悼し平和を祈念する日」に当たり、全国戦没者追悼式に臨み、さきの大戦において、かけがえのない命を失った数多くの人々とその遺族を思い、深い悲しみを新たにいたします。

終戦以来既に70年、戦争による荒廃からの復興、発展に向け払われた国民のたゆみない努力と、平和の存続を切望する国民の意識に支えられ、我が国は今日の平和と繁栄を築いてきました。戦後という、この長い期間における国民の尊い歩みに思いを致すとき、感慨は誠に尽きることがありません。

ここに過去を顧み、さきの大戦に対する深い反省と共に、今後、戦争の惨禍が再び繰り返されぬことを切に願い、全国民と共に、戦陣に散り戦禍に倒れた人々に対し、心からなる追悼の意を表し、世界の平和と我が国の一層の発展を祈ります。


安倍晋三首相は、二〇一二年以降、同式典でアジア諸国への加害に触れず、反省の言葉を避けてきた。天皇の「深い反省」は、あたかもこれにたいする抵抗や反論のようにみえた。そのため、物議を醸したのだった。

翌年以降の全国戦没者追悼式でも、天皇は「深い反省」を示し続け、安倍首相は避け続けた。この両者の違いはじつに鮮明だった。

このような言葉の追加は、天皇の意向なしには考えにくい。果たして天皇はなにを思って、「深い反省」の文句を付け足したのか。現在十分な資料がないため、憶測は慎まなければならない。ただ、いずれさまざまな証言や資料が公開されるなかで、明らかにされるのではないか。現代史に関心をもつものにとって、垂涎おくあたわざるところだ。

「日本の皇室が、いかに伝統を現代に生かし、いきいきとして社会に内在し、人々の期待に応えていくか」

（平成二八・二〇一六年）

さて、いよいよ二〇一六年のビデオメッセージに到達した。これまで縷々述べてきたように、天皇は象徴天皇制の要として公的行為、具体的には旅を重んじてきた。そして、高齢や病気によってそれが阻まれることを危惧し、内々で譲位の意志を表明していた。ところが、そのための議論は遅々として進まなかった。憲法上の制約で意見の表明がむずかしい天皇も、しびれを切らし、ついにみずから行動に打って出るほかなくなった。

事情を知らないものにとっては、青天の霹靂だった。八月八日一五時より、天皇のビデオメッセージが、テレビやインターネットなどで一斉に放送されることになったのである。「象徴としてのお務めについての天皇陛下のおことば」がそれだった。その放送に日本中が釘付けになり、それが終わるやいなや、議論百出、まさに収拾するところを知らない状態となった。

だが、これまでの経緯を踏まえれば、その内容はさして理解しにくいものではなかった。順番にみていこう。以下では、便宜的に前半と後半に分け、各段落に番号を振り、傍線などを付した。

①戦後70年という大きな節目を過ぎ、2年後には、平成30年を迎えます。
②私も80を越え、体力の面などから様々な制約を覚えることもあり、ここ数年、天皇としての自らの歩みを振り返るとともに、この先の自分の在り方や務めにつき、思い

ビデオメッセージ「象徴としてのお務めについての天皇陛下のおことば」の映像（宮内庁ウェブサイトより）。

を致すようになりました。

③本日は、社会の高齢化が進む中、天皇もまた高齢となった場合、どのような在り方が望ましいか、天皇という立場上、現行の皇室制度に具体的に触れることは控えながら、私が個人として、これまでに考えて来たことを話したいと思います。

④即位以来、私は【国事行為を行う】と共に、【日本国憲法下で象徴と位置づけられた天皇の望ましい在り方を、日々模索】しつつ過ごして来ました。伝統の継承者として、これを守り続ける責任に深く思いを致し、更に日々新たになる日本と世界の中にあって、日本の皇室が、いかに伝統を現代に生かし、いきいきとして社会に内在し、人々の期待に応えて

いくかを考えつつ、今日に至っています。

⑤そのような中、何年か前のことになりますが、２度の外科手術を受け、加えて高齢による体力の低下を覚えるようになった頃から、これから先、従来のように重い務めを果たすことが困難になった場合、どのように身を処していくことが、国にとり、国民にとり、また、私のあとを歩む皇族にとり良いことであるかにつき、考えるようになりました、既に80を越え、幸いに健康であるとは申せ、次第に進む身体の衰えを考慮する時、これまでのように、全身全霊をもって【象徴の務めを果たしていくこと】が、難しくなるのではないかと案じています。

⑥私が天皇の位についてから、ほぼ28年、この間私は、我が国における多くの喜びの時、また悲しみの時を、人々と共に過ごして来ました。私はこれまで天皇の務めとして、何よりもまず国民の安寧と幸せを祈ることを大切に考えて来ましたが、同時に事にあたっては、時として人々の傍らに立ち、その声に耳を傾け、思いに寄り添うことも大切なことと考えて来ました。天皇が象徴であると共に、国民統合の象徴としての役割を果たすためには、天皇が国民に、天皇という象徴の立場への理解を求めると共に、天皇もまた、自らのありように深く心し、国民に対する理解を深め、常に国民と

共にある自覚を自らの内に育てる必要を感じて来ました。こうした意味において、日本の各地、とりわけ遠隔の地や島々への旅も、私は【天皇の象徴的行為】として、大切なものと感じて来ました。皇太子の時代も含め、これまで私が皇后と共に行って来たほぼ全国に及ぶ旅は、国内のどこにおいても、その地域を愛し、その共同体を地道に支える市井の人々のあることを私に認識させ、私がこの認識をもって、天皇として大切な、国民を思い、国民のために祈るという務めを、人々への深い信頼と敬愛をもってなし得たことは、幸せなことでした。

現憲法下の天皇の行為は、国事行為、公的行為、私的行為に分類される。天皇はこのような言葉は使っていないものの、明らかにこれを踏まえている。原文では、国事行為（と象徴的行為）をカッコに入れ、私的行為を傍線、公的行為を二重線で示した。次ページの図も参照されたい。

このことは、④段落をみるとわかりやすい。まず、国事行為はそのままなので説明を要さない。つぎに「日本国憲法下で象徴と位置づけられた天皇の望ましい在り方」云々が象徴としての務め、天皇のいう「象徴的行為」にあたる。この象徴的行為は、「伝統」的な

天皇における国事行為と象徴としての務めの位置づけ

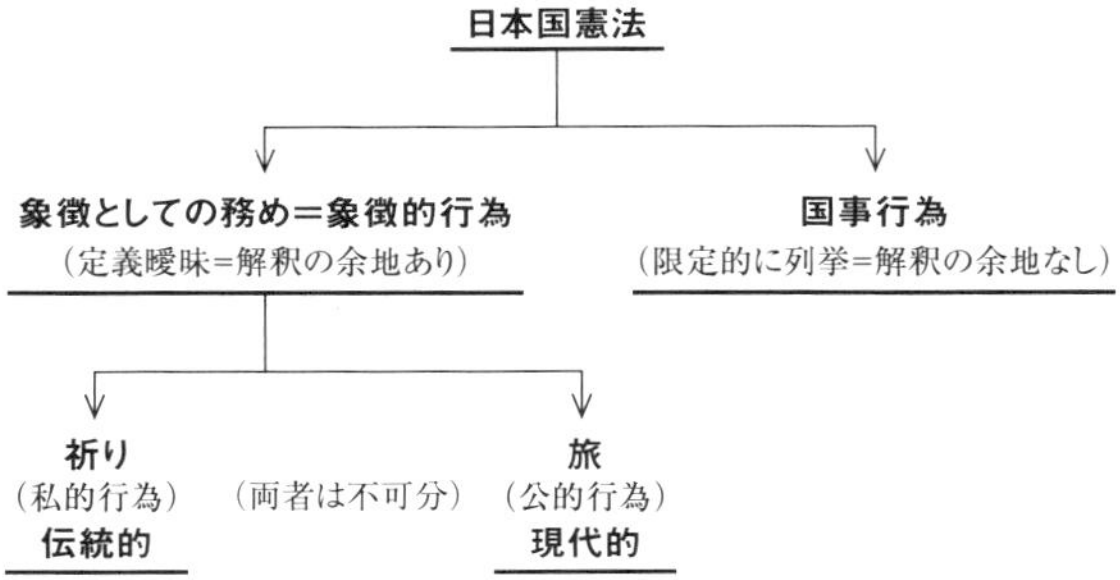

ものと「現代」的なものがあり、具体的にはそれぞれ祈りと旅を指している。天皇家の祭祀や宗教的な部分は、政教分離の建前上、私的行為に分類する以外にない。

繰り返すまでもなく、天皇にとってとりわけ重要なのは公的行為だった。国事行為と私的行為だけでは、憲法を守ることはできても、形式主義に陥り、皇室の存在意義が失われかねないからである。皇室が日本社会に「いきいきとして」「内在」するためには、「人々の期待に応えていく」公的行為がなければならなかった。

そしてこの公的行為とは、⑥段落にみえる「時として人々の傍らに立ち、その声に耳を傾け、思いに寄り添うこと」であり、具体的には「これまで私が皇后と共に行って来たほぼ全国に及ぶ旅」であった。

こうしてみると、⑥段落最後の「信頼と敬愛」という言葉に注目せざるをえない。なぜならば、これは「新日本建設に関する詔書」（いわゆる「人間宣言」）に出てくる重要な言葉だったからである。昭和天皇は同詔書で、天皇と国民との結びつきは「信頼と敬愛」（＋神話と伝統）によると述べていた。今上天皇もまた、ここで同じことを再確認しているのではないだろうか。つまり「信頼と敬愛」は、座して待つものではなく、積極的な旅と触れ合いによって、その都度生み出され、確保されるものなのだ、と。

同じ段落冒頭の「この間私は、我が国における多くの喜びの時、また悲しみの時を、人々と共に過ごして来ました」も、同詔書の「朕は爾等国民と共に在り、常に利害を同じうし休戚を分たんと欲す」と重なってみえてくる。「休戚を分」かつとは、喜びも悲しみも共有するという意味だった。

かくも重要な公的行為も、しかし、天皇の高齢や病気によって、だんだんとむずかしくなってきた。そこで天皇は「個人として」意見を表明することになった（②③⑤段落）。このビデオメッセージの前半部は、以上のような構造になっている。

つづいて後半部をみてみよう。

⑦天皇の高齢化に伴う対処の仕方が、【国事行為】や、【その象徴としての行為】を限りなく縮小していくことには、無理があろうと思われます。また、天皇が未成年であったり、重病などによりその機能を果たし得なくなった場合には、天皇の行為を代行する摂政を置くことも考えられます。しかし、この場合も、天皇が十分にその立場に求められる務めを果たせぬまま、生涯の終わりに至るまで天皇であり続けることに変わりはありません。

⑧天皇が健康を損ない、深刻な状態に立ち至った場合、これまでにも見られたように、社会が停滞し、国民の暮らしにも様々な影響が及ぶことが懸念されます。更にこれまでの皇室のしきたりとして、天皇の終焉に当たっては、重い殯《もがり》の行事が連日ほぼ2ヶ月にわたって続き、その後喪儀《そうぎ》に関連する行事が、1年間続きます。その様々な行事と、新時代に関わる諸行事が同時に進行することから、行事に関わる人々、とりわけ残される家族は、非常に厳しい状況下に置かれざるを得ません。こうした事態を避けることは出来ないものだろうかとの思いが、胸に去来することもあります。

⑨始めにも述べましたように、憲法の下、天皇は国政に関する権能を有しません。そうした中で、このたび我が国の長い天皇の歴史を改めて振り返りつつ、これからも皇

室がどのような時にも国民と共にあり、相たずさえてこの国の未来を築いていけるよう、そして象徴天皇の務めが常に途切れることなく、安定的に続いていくことをひとえに念じ、ここに私の気持ちをお話しいたしました。

⑩国民の理解を得られることを、切に願っています。

天皇は高齢化する。しかし、公的行為は絶対に止められない。では、具体的にどうするか。後半部分の問題はこれだった。

天皇の希望は譲位だった。ただ、憲法の制約上、そのような意見をおおやけに表明できなかった（⑨段落）。そこで、摂政の設置など譲位以外の選択肢をつぶし（⑦段落）、それでなお譲位を実現しないことで発生するさまざまな問題点を強調した（⑧段落）。あとは――みなまでいわなくてもわかるだろう。天皇として、推敲に推敲を重ねた、ぎりぎりの表現だった。

このようにみると、このビデオメッセージは、天皇の行為をめぐる既存の議論を踏まえた上で、それまでの天皇の言葉とも関連されつつ、きわめてロジカルに構成されていることがわかる。そこに誤解の余地はほとんどなかった。

そしてこの「お言葉」こそは、天皇の歩みであり、魂であり、信念の結晶にほかならなかった。

「自分の意志が曲げられるとは思っていなかった」

（平成二九・二〇一七年）

天皇のビデオメッセージを受けて、二〇一六年一〇月から翌年四月まで、一四回にわたって「天皇の公務の負担軽減等に関する有識者会議」が開かれた。そしてその議論は、一代限りでの退位を実現する方向へ進んでいった。

会議は原則非公開だった。議事録などは公開されているものの、そのままの書き起こしではない。『毎日新聞』の報道によると、二〇一六年一一月の専門家ヒアリングで、保守系の専門家が「天皇は祈っているだけでよい」という趣旨の発言を行なったという。同会議の御厨《みくりや》貴副座長も、「余計なことをされるから陛下は疲れるのです」（平川祐弘）、「何も

せぬがよし」（渡部昇一）などの発言があったと証言している。天皇はこうした発言を伝え聞いて、

ヒアリングで批判をされたことがショックだった。

と強い不満を述べた。この天皇の考えは、宮内庁関係者を通じて、首相官邸に伝えられた（「有識者会議での『祈るだけでよい』陛下、公務否定に衝撃『一代限り』に不満」『毎日新聞』二〇一七年五月二一日）。

天皇は、祈りを蔑ろにしていたわけではないが、それは旅と不可分だった。旅でひとびとと触れ合うからこそ、「信頼と敬愛」をもって祈ることもできる。ビデオメッセージにもあったとおり、これは天皇の信念だった。それゆえ「祈っているだけでよい」は、その全否定に等しかった。天皇がショックを受けたのも当然だった。

また天皇は、一代限りの特別措置という方針にも不満で、

一代限りでは自分のわがままと思われるのでよくない。制度化でなければならない。

自分の意志が曲げられるとは思っていなかった。

とまで話した（前出記事）。「〜なければならない」「自分の意志が曲げられるとは」。こうした激しい表現は、非公式の「お言葉」でなければなかなかお目にかかれない。天皇は、みずからのあり方が一代限りの「平成流」ではなく、伝統にもかなうと確信していた。そして、皇室が現代社会に「いきいきとして」「内在」するためには、これ以外の方法はないと考えていた。そのため、制度化を強く希望したのだった。

もっとも、やはり譲位は一代限りの特別措置で落ち着いた。二〇一七年六月、「天皇の退位等に関する皇室典範特例法」が国会で成立した。同法の施行により、天皇は二〇一九年四月三〇日に譲位し、五月一日、皇太子徳仁親王が新天皇に即位することになっている。

二〇一六年のビデオメッセージは、「お言葉」の威力をあらためて見せつけた。天皇の思いのままではなかったものの、「お言葉」が発端となって法律が作られ、約二〇〇年ぶりの譲位が実現することになったからだ。ただそれは、自明に備わっている威力ではなかった。むしろ、天皇が不退転の決意で象徴としての務めを長年にわたって果たし、国民の「信頼と敬愛」を獲得したからこそのものだった。その意味でも、このビデオメッセージの意味は歴史的にきわめて重かった。

「天皇としての旅を終えようとしている今……」

（平成三〇・二〇一八年）

二〇一八年一二月二三日、平成最後の誕生日会見が公開された。本章の締めくくりにこれをみておきたい。

記者からの質問はただひとつ、「天皇陛下として迎えられる最後の誕生日となりました。陛下が皇后さまとともに歩まれてきた日々はまもなく区切りを迎え、皇室は新たな世代が担っていくこととなります。現在のご心境とともに、いま国民に伝えたいことをお聞かせ下さい」だった。

天皇は、あらかじめ用意された「お言葉」を読み上げた。それは、戦争や災害にかんする思いなど、これまでの象徴としての務めを集大成したような内容だった。万感胸に迫るものがあったのだろうか、宮内庁提供の映像をみると、天皇はときおり涙声にもなった。

それは、これまでにない光景だった。

そのなかから、まず戦争にかんする箇所を左に引きたい。


沖縄は、先の大戦を含め実に長い苦難の歴史をたどってきました。皇太子時代を含め、私は皇后と共に11回訪問を重ね、その歴史や文化を理解するよう努めてきました。沖縄の人々が耐え続けた犠牲に心を寄せていくとの私どもの思いは、これからも変わることはありません。

そうした中で平成の時代に入り、戦後50年、60年、70年の節目の年を迎えました。先の大戦で多くの人命が失われ、また、我が国の戦後の平和と繁栄が、このような多くの犠牲と国民のたゆみない努力によって築かれたものであることを忘れず、戦後生まれの人々にもこのことを正しく伝えていくことが大切であると思ってきました。平成が戦争のない時代として終わろうとしていることに、心から安堵しています。


考えてみれば、明治、大正、昭和は、戦争とともにあった。平成は、久しぶりに天皇が宣戦布告や督戦に関わらずに済んだ時代だった。「平成が戦争のない時代として終わろうとしていることに、心から安堵しています」。これは、天皇の本心だったろう。そのぶん、基地問題などを抱える沖縄への思いは、強調されないではおかなかった。

つぎに、国際交流にかんする箇所をみてみよう。二〇一八年は明治一五〇年の節目であり、政府主催の式典も催されたが、天皇はこれに言及しなかった。代わりに、日本人が海外移住をはじめて一五〇年の節目に言及がなされた。

> 今年、我が国から海外への移住が始まって１５０年を迎えました。この間、多くの日本人は、赴いた地の人々の助けを受けながら努力を重ね、その社会の一員として活躍するようになりました。こうした日系の人たちの努力を思いながら、各国を訪れた際には、できる限り会う機会を持ってきました。そして近年、多くの外国人が我が国で働くようになりました。私どもがフィリピンやベトナムを訪問した際も、将来日本で職業に就くことを目指してその準備に励んでいる人たちと会いました。日系の人たちが各国で助けを受けながら、それぞれの社会の一員として活躍していることに思いを致しつつ、各国から我が国に来て仕事をする人々を、社会の一員として私ども皆が温

かく迎えることができるよう願っています。また、外国からの訪問者も年々増えています。この訪問者が我が国を自らの目で見て理解を深め、各国との親善友好関係が進むことを願っています。

天皇はここで、日本人だけでなく、日本で就労する外国人などについても発言した。この年、外国人技能実習生への劣悪な待遇があらためて問題になった。一二月には「出入国管理法」の改正案が国会で成立した。天皇は立場上、特定の法律や政策について言及することはできなかったが、傍点部の箇所は明らかにこの問題を示唆しているように思われる。最後に、天皇は、二〇一九年に結婚六〇年を迎える皇后への感謝の気持ちを語った。ここは、天皇が感極まり、もっとも言葉をつまらせた箇所でもあった。

明年4月に結婚60年を迎えます。結婚以来皇后は、常に私と歩みを共に、私の考えを理解し、私の立場と務めを支えてきてくれました。また、昭和天皇を始め私とつながる人々を大切にし、愛情深く3人の子供を育てました。振り返れば、私は成年皇族として人生の旅を歩み始めて程なく、現在の皇后と出会い、深い信頼の下、同伴を求め、爾来この伴侶と共に、これまでの旅を続けてきました。天皇としての旅を終えようとしている今、私はこれまで、象徴としての私の立場を受け入れ、私を支え続けてくれた多くの国民に衷心より感謝するとともに、自らも国民の一人であった皇后が、私の人生の旅に加わり、60年という長い年月、皇室と国民の双方への献身を、真心を持って果たしてきたことを、心から労いたく思います。

「人生の旅」「これまでの旅」「天皇としての旅」「私の人生の旅」。ここで旅の比喩が使われているのは興味深い。天皇は象徴としての務めとして、旅に取り組んできた。そして皇后はほとんどかならずそれに帯同した。天皇にとって、旅は人生そのものだった。そしてその終わりは、みずから考え、決断した末のものだった。感極まったのもゆえなしとしない。この年、天皇は八五歳となった。

天皇が生きて退位するのは、近現代ではじめてのこととなる。二〇一九年四月三〇日に向けて、今上天皇はどのような言葉を残していくのか。そして次代の徳仁新天皇はどのような言葉を発していくのか。時代が移りゆくなかで、天皇の言葉から、これからも目が離せない。

あとがき

天皇はふしぎな存在である。この時代に生きる生身の人間でありながら、同時に一個の人格を超えて、一〇〇〇年単位でものごとを考えている。〈時代的〉でありながら〈超時代的〉であり、〈人格的〉でありながら〈超人格的〉である「お言葉」の数々は、その端的な証だった。日本の皇室が、近現代の風雪を超えてなお続いているのも、共和制が万能ではないこともさることながら（日本周辺の「共和国」を見よ、ヒトラーを生んだヴァイマル共和国を見よ）長い歴史に裏打ちされた、この絶妙なバランス感覚によるところが大きいのではないかと思われる。

さて、本書が刊行されて間もなく、皇太子徳仁親王が天皇に即位することになっている。新天皇は、どのような「お言葉」を発するのだろうか。

少なくとも、平成時代のたんなるコピーではないはずだ。明治・大正・昭和・平成の歴史を顧みればわかるように、「お言葉」は時代に応じて柔軟に変化してきた（そしてそれは、天皇制を難ずるものの硬直ぶりとしばしば対照的だった)。そのため新天皇も、さまざまな制約のなかで、理想と現実を見据えながら、新しい「お言葉」を紡ぎ出していくことになるだろう。

徳仁新天皇は、明仁天皇よりも高齢で即位する上、雅子新皇后の体調面での不安も抱えている。平成流の公的行為=旅の継承は容易ではなく、むしろ新たな皇室のあり方が模索されることになるにちがいない(そもそも「祈り」と政教分離の関係など、天皇の位置づけについてはまだまだ不安定な部分も少なくない)。その点で、譲位が制度化されなかったのは、かならずしも悪いことではなかった。

即位当初は権威が確立されず、さまざまな批判が飛ぶものだ。だが、それぐらいでぐらつく皇室ではあるまい。諸外国の君主などのように、インターネットの活用なども試みられるかもしれない。歴史と対照させつつ、新しい「お言葉」の胎動にしばらくはじっと耳を傾けたい。

最後に、これはいっておかなければならない。左右対立が激しい今日、天皇は「日本国民統合の象徴」としてほとんど唯一の役割を担っている。それはけっこうなことではあるものの、肉体的にわれわれとなんら変わらないひとりの人間に、過剰な負担を求めているということでもある。

今上天皇は、皇后の献身的なサポートもあり、驚異的な意志と体力でその務めを成し遂げた。そしてそれは、多くのひとびとにとって「信頼と敬愛」の的となった。だが、今後永遠に同じことを期待するのもむずかしいだろう。

ではどうするか。それぞれできることがあるだろうが、文筆を生業とする者としては、左右両極の過激な言説と距離を取り、日本社会の穏健な中道を模索することをもって、その負担軽減の一助としたい。

中道というと、いまやかならず日和見主義との批判が降り掛かってくる。たしかにそういった面はあるだろう。だけれども、旗幟鮮明《きしせんめい》にして日々インターネットなどに張り付いて左右の論争に明け暮れている面々を眺めていると、それがあるべき社会の姿とはとうてい思えない。日和見主義の批判こそあれ、やはり穏健な中間地帯がめざされなければならない。少なくとも筆者はそう考える。

だからこそ、本書でもできるだけ先入観を排し、天皇絶対崇拝でも、天皇制廃止論でもなく、天皇の「お言葉」を事実ベースで紹介するように努めた。典型的な左右の立場からすれば、それぞれ気に入らない部分があるかもしれない。だが、あえてこのやり方を選ぶことで、今後の皇室と日本社会を考える上で基礎になる部分を少しでも作りたいと考えたのである。そしてこのような試みは、瞬時に情報が飛び交うインターネット上よりも、腰を据えて考えられる活字上のほうがふさわしい。本書を執筆したゆえんもここにあった。本書の狙いが読者諸賢に伝われば幸いである。

このような穏当な落とし所の模索は、二〇一五年に上梓した『ふしぎな君が代』の執筆経験と反響が大きなきっかけとなっている。同書で示した「君が代」にかんする提案は、政治的に対立しがちなテーマであるにもかかわらず、党派を超えて広く好意的に迎えられた。本書は、この『ふしぎな君が代』、そして二〇一四年の『日本の軍歌』、二〇一六年の『大本営発表』に続いて、幻冬舎の竹村優子氏に担当していただいた。四度目の機会をいただいたことを、末筆ながらここに厚くお礼申し上げたい。

＊　＊　＊

本書の脱稿後、妻の紘子が逝去しました。

妻との最初の出会いは、二〇一三年でした。とあるトークイベントで、「八紘一宇の紘の字です」と自己紹介しながら、私のデビュー作にサインを求めてきたときのことを、昨日のことのように懐かしく思い出します。やがて彼女とは、本ができると献本を送り、そして直に手渡す仲になりました。

妻は、ともすれば孤独に陥りがちな文筆稼業をいつも守り立ててくれる、かけがえのない存在でした。本書でも触れた鶏酒を一緒に作ってくれたり、「教育勅語」にかんする拙稿がネット上で広く読まれれば、「お祝いしよう」とシャンパンを買ってきてくれたりしました。「明治天皇と同じ食べ方だね」などといったその声に、なんど励まされたかわかりません。

最良の読者であり、助言者であり、同志であり、伴侶であった紘子に、この書を捧げます。

主要参考文献

＊おもに、天皇の言葉が記されている文献は前半に、その他の文献は後半に掲げた。複数の項目にまたがるものは、初出時のみ挙げた。

①明治天皇

宮内庁（編）『明治天皇紀』全一三巻、吉川弘文館、一九六八〜一九七七年。

園池公致「明治宮廷の思い出」『世界』一二九号、岩波書店、一九五六年、一七七〜一八七ページ。

同「明治のお小姓　続明治宮廷の思い出」『心』一〇巻六号、平凡社、一九五七年、六八〜七四ページ。

同「明治のお小姓（二）」『心』一〇巻七号、平凡社、一九五七年、八〇〜八五ページ。

同「明治のお小姓（三）」『心』一〇巻九号、平凡社、一九五七年、七八〜八三ページ。

同「明治のお小姓（四）」『心』一〇巻一〇号、平凡社、一九五七年、八二〜八七ページ。

同「明治のお小姓（五）」『心』一〇巻一二号、平凡社、一九五七年、六五〜七〇ページ。

同「明治のお小姓［六］」『心』一一巻六号、平凡社、一九五八年、五四〜六四ページ。

園池公致、長谷信昊、北小路三郎、坊城俊良、平松時賢、岡崎泰光、久世章業、山川三千子、甘露寺方房、穂穙英子、山口節子、甘露寺受長「座談会　明治大帝の御日常を偲び奉る」『新民』一三巻七号、新民会、一九六二年、四〜二六ページ。

津田茂麿『明治聖上と臣高行』自笑会、一九二八年。

坊城俊良『宮中五十年』講談社学術文庫、二〇一八年。

堀口修（監修・編集）『臨時帝室編修局史料「明治天皇紀」談話記録集成』全九巻、ゆまに書房、二〇〇三年。

三浦藤作（謹解）、武田祐吉（監修）『歴代詔勅全集』第五〜七巻、河出書房、一九四一〜一九四二年。

明治天皇御集委員会（編）『新輯　明治天皇御集』上下巻、明治神宮、一九六四年。

山川三千子『女官　明治宮中出仕の記』講談社学術文庫、二〇一六年。

渡辺幾治郎『明治天皇』上下巻、宗高書房、一九五八年。


飛鳥井雅道『明治大帝』筑摩書房、一九八九年。

伊藤之雄『明治天皇　むら雲を吹く秋風にはれそめて』（ミネルヴァ日本評伝選）ミネルヴァ書房、二〇〇六年。

猪瀬直樹『ミカドの肖像』小学館、一九八六年。

梅溪昇『軍人勅諭成立史　天皇制国家観の成立・上』増訂版、青史出版、二〇〇八年。

小股憲明『明治期における不敬事件の研究』思文閣出版、二〇一〇年。

笠原英彦『天皇親政　佐々木高行日記にみる明治政府と宮廷』中公新書、一九九五年。

同『明治天皇　苦悩する「理想的君主」』中公新書、二〇〇六年。

ドナルド・キーン『明治天皇』上下巻、新潮社、二〇〇一年。

辻田真佐憲『日本の軍歌　国民的音楽の歴史』幻冬舎新書、二〇一四年。

同「皇室問題が「炎上」するとき」『文藝春秋SPECIAL』（二〇一七年冬号）文藝春秋、二〇一七年、一五〇～一五七ページ。

同『文部省の研究　「理想の日本人像」を求めた百五十年』文春新書、二〇一七年。

同「教育勅語肯定論の戦後史　敗戦直後の擁護論から森友学園事件まで」『徹底検証　教育勅語と日本社会　いま、歴史から考える』岩波書店、二〇一七年、五三～七二ページ。

同「『軍歌を歌う幼稚園』森友学園の愛国教育は、戦前だったら不敬罪!?」『現代ビジネス』、二〇一七年、https://gendai.ismedia.jp/articles/-/51052。

同「またか…『教育勅語』の再評価が繰り返されるシンプルな理由」『現代ビジネス』、二〇一八年、https://gendai.ismedia.jp/articles/-/57845。

西川誠『明治天皇の大日本帝国』（天皇の歴史7）講談社学術文庫、二〇一八年。

檜山幸夫「日清戦争宣戦詔勅草案の検討　戦争相手国規定の変移を中心に1」『古文書研究』一三巻、日本古文書学会、一九七九年、三七～五一ページ。

同「日清戦争宣戦詔勅草案の検討　戦争相手国規定の変移を中心に2」『古文書研究』一五巻、日本古文書学会、一九八〇年、四九～六二ページ。

平山周吉『昭和天皇「よもの海」の謎』新潮選書、二〇一四年。

洞富雄『天皇不親政の伝統』新樹社、一九八四年。

満洲日日新聞社（編）礫川全次（注記・解題）『安重根事件公判速記録（初版）』（翻刻版）批評社、二〇一四年。

御厨貴（編著）『近現代日本を史料で読む　「大久保利通日記」から「富田メモ」まで』中公新書、二〇一一年。

文部省『学制百年史』帝国地方行政学会、一九八一年。

山室信一「未完の『東洋平和論』　その思想水脈と可能性について」『安重根と東洋平和論』日本評論社、二〇一六年、一九九〜二二六ページ。

米窪明美『明治天皇の一日　皇室システムの伝統と現在』新潮新書、二〇〇六年。

「明治神宮」http://www.meijijingu.or.jp/。

②大正天皇

小川金男『宮廷』日本出版協同、一九五一年。

木下彪（謹解）『大正天皇御製詩集』明徳出版社、一九六〇年。

宮内省図書寮（編修）『大正天皇実録』補訂版、全六巻、別巻一、ゆまに書房、二〇一六年〜刊行中。

四竈孝輔『侍従武官日記』芙蓉書房、一九八〇年。

岡野弘彦『おほみやびうた　大正天皇御集』邑心文庫、二〇〇二年。

高木八太郎、小島徳弥（編）『大正天皇御治世史』教文社、一九二七年。

奈良武次（著）、波多野澄雄、黒沢文貴（責任編集）『侍従武官長奈良武次日記・回顧録』全四巻、柏書房、二〇〇〇年。

山口幸洋『椿の局の記』近代文芸社新書、二〇〇〇年。

『実業之日本』第三〇巻第二号、実業之日本社、一九二七年。

石川忠久『漢詩人大正天皇　その風雅の心』大修館書店、二〇〇九年。

F・R・ディキンソン『大正天皇　一躍五大洲を雄飛す』（ミネルヴァ日本評伝選）ミネルヴァ書房、二〇〇九年。

原武史『大正天皇』朝日文庫、二〇一五年。

古川隆久『大正天皇』吉川弘文館、二〇〇七年。

③昭和天皇

朝日新聞社（編）入江為年（監修）『入江相政日記』全一二巻、朝日文庫、一九九四〜一九九五年。

伊藤隆、広瀬順晧（編）『牧野伸顕日記』中央公論社、一九九〇年。

井本熊男『作戦日誌で綴る大東亜戦争』（昭和軍事史叢書）、芙蓉書房、一九七九年。

入江相政（編）『宮中侍従物語』角川文庫、一九八五年。

岩見隆夫『陛下の御質問　昭和天皇と戦後政治』文春文庫、二〇〇五年。

進藤榮一、下河辺元春（編纂）『芦田均日記』岩波書店、一九八六〜一九九二年。

岡田啓介（著）、岡田貞寛（編）『岡田啓介回顧録』改版、中公文庫、二〇〇一年。

外務省（編）『終戦史録』全六巻、別巻一、北洋社、一九七七〜一九八〇年。

河井弥八（著）、高橋紘、粟屋憲太郎、小田部雄次（編）『昭和初期の天皇と宮中　侍従次長河井弥八日記』

全六巻、岩波書店、一九九三〜一九九四年。

木戸日記研究会（校訂）『木戸幸一日記』上下巻、東京大学出版会、一九六六年。

同（編集・校訂）『木戸幸一関係文書』東京大学出版会、一九六六年。

木下道雄『宮中見聞録　忘れぬために』新小説社、一九六八年。

同『側近日誌』文藝春秋、一九九〇年。

宮内庁（編修）『昭和天皇実録』全一八巻、別巻、東京書籍、二〇一五年〜刊行中。

黒田勝弘、畑好秀（編）『昭和天皇語録』講談社学術文庫、二〇〇四年。

近衛文麿『最後の御前会議　戦後欧米見聞録　近衛文麿手記集成』中公文庫、二〇一五年。

参謀本部（編）『杉山メモ』上下巻、原書房、二〇〇五年。

下村海南『終戦秘史』講談社学術文庫、一九八五年。

高橋紘『陛下、お尋ね申し上げます　記者会見全記録と人間天皇の軌跡』文春文庫、一九八八年。

同（編）『昭和天皇発言録　大正9年〜昭和64年の真実』小学館、一九八九年。

寺崎英成、マリコ・テラサキ・ミラー『昭和天皇独白録』文春文庫、一九九五年。

徳本栄一郎『英国機密ファイルの昭和天皇』新潮文庫、二〇〇九年。

豊下楢彦『昭和天皇・マッカーサー会見』岩波現代文庫、二〇〇八年。

日本テレビ報道局天皇取材班『昭和最後の日　テレビ報道は何を伝えたか』新潮文庫、二〇一五年。

野村実（編）『侍従武官城英一郎日記』（近代日本史料選書）山川出版社、一九八二年。

原田熊雄（述）、近衛泰子（筆記）、里見弴ほか（補訂）『西園寺公と政局』全八巻、別巻一、岩波書店、一九五〇～一九五六年。

半藤一利（解説）「『小倉庫次侍従日記』 昭和天皇 戦時下の肉声」『文藝春秋』二〇〇七年四月号、文藝春秋、二〇〇七年、一一八～一九〇ページ。

藤田尚徳『侍従長の回想』講談社学術文庫、二〇一五年。

防衛庁防衛研究所戦史部（監修）、中尾裕次（編）『昭和天皇発言記録集成』上下巻、芙蓉書房出版、二〇〇三年。

防衛庁防衛研修所戦史室『戦史叢書 大本営陸軍部（10）』朝雲新聞社、一九七五年。

同『戦史叢書 大本営海軍部・聯合艦隊（7）』朝雲新聞社、一九七六年。

本庄繁『本庄日記』原書房、二〇〇五年。

山極晃、中村政則（編）、岡田良之助（訳）『資料 日本占領1 天皇制』大月書店、一九九〇年。

読売新聞社（編）『昭和史の天皇1 空襲と特攻隊』中公文庫、二〇一一年。

「眞田穰一郎少将日記」未公刊、防衛省防衛研究所所蔵。※真田の文字は難読で、一部を抜粋・清書した『杉山メモ』下巻と『昭和天皇発言記録集成』で語句などが微妙に異なっている。本書では、後者に従った。

「『戦争責任』いわれ辛い 昭和天皇 素顔の27冊」（小林忍侍従日記）『47NEWS』、二〇一八年、https://www.47news.jp/special/social/top。

「大東亜戦争宣戦詔書草稿綴」アジア歴史資料センター（防衛省防衛研究所）、Ref.C12120283800。

「天皇メッセージ」『沖縄県公文書館』、二〇〇八年、http://www.archives.pref.okinawa.jp/uscar_document/5392。

「人間宣言　草案メモ見つかる」『毎日新聞』二〇〇六年一月一日東京朝刊、一〜二面。

伊藤之雄『昭和天皇伝』文春文庫、二〇一四年。

石渡隆之「終戦の詔書成立過程」『北の丸』二八号、国立公文書館、一九九六年、三〜二〇ページ。

河西秀哉『「象徴天皇」の戦後史』講談社、二〇一〇年。

加藤陽子『昭和天皇と戦争の世紀』（天皇の歴史8）講談社学術文庫、二〇一八年。

後藤致人『内奏　天皇と政治の近現代』中公新書、二〇一〇年。

島田雅彦（編著）『おことば　戦後皇室語録』新潮社、二〇〇五年。

高橋和之「天皇の『お気持ち』表明に思う　「象徴的行為」論への困惑」『世界』二〇一六年一二月号、岩波書店、二〇一六年、一八七〜二〇五ページ。

高橋紘『人間昭和天皇』上下、講談社、二〇一一年。

茶園義男『密室の終戦詔勅』雄松堂出版、一九八九年。

辻田真佐憲『大本営発表　改竄・隠蔽・捏造の太平洋戦争』幻冬舎新書、二〇一六年。

秦郁彦『昭和天皇　五つの決断』文春文庫、一九九四年。

原武史『昭和天皇』岩波新書、二〇〇八年。

半藤一利、御厨貴、原武史『卜部日記・富田メモで読む　人間・昭和天皇』朝日新聞社、二〇〇八年。

半藤一利、保阪正康、御厨貴、磯田道史『「昭和天皇実録」の謎を解く』文春新書、二〇一五年。

古川隆久『昭和天皇　「理性の君主」の孤独』中公新書、二〇一一年。

古川隆久、森暢平、茶谷誠一（編）『「昭和天皇実録」講義　生涯と時代を読み解く』吉川弘文館、二〇一五年。

保阪正康『昭和天皇』上下巻、中公文庫、二〇〇八年。

山田朗『大元帥　昭和天皇』新日本出版社、一九九四年。

同『昭和天皇の戦争　「昭和天皇実録」に残されたこと・消されたこと』岩波書店、二〇一七年。

山田敏之「終戦の詔書　史料で読み解く二つの疑問」『国立国会図書館月報』五九三号、国立国会図書館、二〇一〇年、四〜一九ページ。

吉田裕『昭和天皇の終戦史』岩波新書、一九九二年。

松尾尊兊『戦後日本への出発』岩波書店、二〇〇二年。

④今上天皇（平成の天皇）

川島裕『随行記　天皇皇后両陛下にお供して』文藝春秋、二〇一六年。

薗部英一（編）『新天皇家の自画像　記者会見全記録』文春文庫、一九八九年。

半藤一利、保阪正康「我らが見た人間天皇」『文藝春秋』二〇一六年九月号、文藝春秋、二〇一六年、九四〜一一四ページ。

文藝春秋編集部「皇后は退位に反対した」『文藝春秋』二〇一六年一〇月号、文藝春秋、二〇一六年、九四〜一〇一ページ。

渡邉允『天皇家の執事　侍従長の十年半』文春文庫、二〇一一年。

「宮内庁」http://www.kunaicho.go.jp/。

「有識者会議での『祈るだけでよい』　陛下、公務否定に衝撃　『一代限り』に不満」『毎日新聞』二〇一七年五月二一日東京朝刊、一面。


近重幸哉『明仁天皇の言葉　平成の取材現場から読み解く「お気持ち」』祥伝社、二〇一七年。

辻田真佐憲『ふしぎな君が代』幻冬舎新書、二〇一五年。

保阪正康『明仁天皇と裕仁天皇』講談社、二〇〇九年。

同『天皇陛下「生前退位」への想い』新潮文庫、二〇一八年。

御厨貴「『天皇退位』有識者会議の内実」『文藝春秋』二〇一七年七月号、文藝春秋、二〇一七年、一七二〜一八〇ページ。

山本雅人『天皇陛下の本心　25万字の「おことば」を読む』新潮新書、二〇一四年。

吉田裕、瀬畑源、河西秀哉（編）『平成の天皇制とは何か　制度と個人のはざまで』岩波書店、二〇一七年。

⑤画像出典

大阪毎日新聞社（編）『皇室画報』大阪毎日新聞社、一九二二年。

杉謙二（編）『嗚呼大正天皇』四海社出版部、一九二六年。

東洋文化協会（編）『皇室皇族聖鑑　昭和篇』東洋文化協会、一九三七年。

明治天皇聖徳奉讃会（編）『明治天皇聖徳大鑑』明治天皇御写真帖刊行会、一九三六年。

「アジア歴史資料センター」https://www.jacar.go.jp/

「国立公文書館デジタルアーカイブ」https://www.digital.archives.go.jp/
「国立国会図書館デジタルコレクション」http://dl.ndl.go.jp/
※特記のない写真は、すべて国立国会図書館所蔵。

著者略歴

辻田真佐憲《つじたまさのり》

近現代史研究者。一九八四年、大阪府生まれ。

慶應義塾大学文学部卒業、同大学院文学研究科中退。

二〇一二年より文筆専業となり、政治と文化芸術の関係を主なテーマに、

著述、調査、評論、レビュー、インタビューなどを幅広く手がけている。

『日本の軍歌』『ふしぎな君が代』『大本営発表』(すべて幻冬舎新書)、

『空気の検閲』(光文社新書)、『文部省の研究』(文春新書)、

『たのしいプロパガンダ』(イースト新書Q)など著書多数。

監修に「日本の軍歌アーカイブス」(ビクターエンタテインメント)、

「出征兵士を送る歌/これが軍歌だ!」(キングレコード)、

『満洲帝国ビジュアル大全』(洋泉社)などがある。

幻冬舎新書 547

天皇のお言葉
明治・大正・昭和・平成

二〇一九年三月三十日　第一刷発行

著者　辻田真佐憲
発行人　見城　徹
編集人　志儀保博

発行所　株式会社　幻冬舎
〒一五一-〇〇五一　東京都渋谷区千駄ヶ谷四-九-七
電話　〇三-五四一一-六二一一(編集)
　　　〇三-五四一一-六二二二(営業)
振替　〇〇一二〇-八-七六七六四三

ブックデザイン　鈴木成一デザイン室
印刷・製本所　中央精版印刷株式会社

GENTOSHA

検印廃止
万一、落丁乱丁のある場合は送料小社負担でお取替致します。小社宛にお送り下さい。本書の一部あるいは全部を無断で複写複製することは、法律で認められた場合を除き、著作権の侵害となります。定価はカバーに表示してあります。
©MASANORI TSUJITA, GENTOSHA 2019
Printed in Japan　ISBN978-4-344-98548-3 C0295
つ-3-4
幻冬舎ホームページアドレス http://www.gentosha.co.jp/
*この本に関するご意見・ご感想をメールでお寄せいただく場合は、comment@gentosha.co.jp まで。

幻冬舎新書

辻田真佐憲
日本の軍歌
国民的音楽の歴史

軍歌は国民を戦争に動員する政府の道具であり、最も身近な国民の娯楽、レコード会社・新聞社・出版社にとっては、確実に儲かる商品だった。誕生から末路まで、史上最大の大衆音楽の引力に迫る。

辻田真佐憲
ふしぎな君が代

「なぜ、この歌詞が選ばれたのか」「誰が、作曲したのか」「いつ、国歌になったのか」「どのように、戦中・戦後を生き延びたのか」「なぜ、いまだ論争の的になるのか」など「君が代」の6つの謎を解き明かす。

辻田真佐憲
大本営発表
改竄・隠蔽・捏造の太平洋戦争

日本軍の最高司令部「大本営」。その公式発表は、戦果を5倍、10倍に水増しするのは当たり前。恐ろしいほどに現実離れした官僚の作文だった。今なお続く日本の病理。悲劇の歴史を繙く。

高森明勅
天皇「生前退位」の真実

平成28年8月、天皇が「平成30年に生前退位したい」と国民に緊急メッセージを発した。それを叶えるには皇室典範の改正しかない。天皇・神道研究の第一人者が世に問う「皇室典範問題」のすべて。

片山杜秀
平成精神史
天皇・災害・ナショナリズム

度重なる災害、資本主義の限界、浅薄なナショナリズム。「平らかに成る」からは程遠かった平成。この三〇年に蔓延した精神的退廃を日本人は乗り越えられるのか。博覧強記の思想家による平成論の決定版。

矢部万紀子
美智子さまという奇跡

類まれな美しさ、才能、お人柄に支えられた奇跡の時代が終わる。美智子さまが退かれる喪失を日本人は乗り越えられるのか？　皇室はどう変わるのか？　皇室報道に長く携わった著者による等身大の皇室論。

椎谷哲夫
皇室入門
制度・歴史・元号・宮内庁・施設・祭祀・陵墓・皇位継承問題まで

譲位と退位はどう違う？　新嘗祭は公費で賄う？　天皇という尊称はいつから始まった？　皇室と伊勢神宮の関係は？　平成が終わる今、知っておきたいこの国の成り立ちを、元宮内庁担当記者が詳述。

坂口孝則
未来の稼ぎ方
ビジネス年表2019―2038

この先の20年で儲かる業界とそのピークは？〈エネルギー〉〈インフラ〉〈宇宙〉〈アフリカ〉など注目業界の未来を予測し、20年分のビジネスアイデアを網羅。時代の本質を見極める一冊。

幻冬舎新書

井出明
ダークツーリズム
悲しみの記憶を巡る旅

人類の悲劇を巡る旅「ダークツーリズム」が世界的に人気だ。小樽、オホーツク、西表島、熊本、長野、栃木・群馬など代表的な日本の悲しみの現場を紹介。未知なる旅を始めるための一冊。

半藤一利
歴史と戦争

幕末・明治維新からの日本の近代化の歩みは、戦争の歴史でもあった。過ちを繰り返さないために、私たちは歴史に何を学ぶべきなのか。八〇冊以上の著作から厳選した半藤日本史のエッセンス。

丸山俊一＋NHK「欲望の民主主義」制作班
欲望の民主主義
分断を越える哲学

世界中で民主主義が劣化している。今、世界の知性たちは何を考えるのか――？　若き天才哲学者、マルクス・ガブリエルら六人が考察する政治変動の深層。世界の現実を知る必読書。

深沢真太郎
数学的コミュニケーション入門
「なるほど」と言わせる数字・論理・話し方

仕事の成果を上げたいなら数学的に話しなさい！　定量化、グラフ作成、プレゼンのシナリオづくりなど、「数字」と「論理」を戦略的に使った「数学的コミュニケーション」のノウハウをわかりやすく解説。

中川右介
現代の名演奏家50
クラシック音楽の天才・奇才・異才

非凡な才能を持つ音楽家同士の交流は深く激しい。帝王カラヤンと天才少女ムター、グリモーとアルゲリッチ、バーンスタインとスカラ座の女王カラス……。170人の音楽家が絡み合う50の数奇な物語。

佐々木閑　大栗博司
真理の探究
仏教と宇宙物理学の対話

仏教と宇宙物理学。アプローチこそ違うが、真理を求めて両者が到達したのは、「人生に生きる意味はない」という結論だった！　当代一流の仏教学者と物理学者が縦横無尽に語り尽くす、この世界の真実。

中村圭志
教養としての仏教入門
身近な17キーワードから学ぶ

宗教を平易に説くことで定評のある著者が、日本人なら耳にしたことのあるキーワードを軸に仏教を分かりやすく解説。仏教の歴史、宗派の違い、一神教との比較など、基礎知識を網羅できる一冊。

出口治明
本物の教養
人生を面白くする

教養とは人生を面白くするツールであり、ビジネス社会を生き抜くための最強の武器である。読書・人との出会い・旅・語学・情報収集・思考法等々、ビジネス界きっての教養人が明かす知的生産の全方法。

幻冬舎新書

岩波明
他人を非難してばかりいる人たち
バッシング・いじめ・ネット私刑《リンチ》

昨今、バッシングが過熱しすぎだ。失言やトラブルで非難を受けた人物には、無関係な人までもが匿名で攻撃。日本人の精神構造が引き起こす異常な現象に、精神科医が警鐘を鳴らす！

曽野綾子
人間の分際《ぶんざい》

ほとんどすべてのことに努力でなしうる限度があり、人間はその分際（身の程）を心得ない限り、到底幸福には暮らせない。作家として六十年以上、世の中をみつめてきた著者の知恵を凝縮した一冊。

島田裕巳
八紘一宇《はっこういちう》
日本全体を突き動かした宗教思想の正体

戦時中の海外侵略を正当化し、戦前戦中の日本人を、天皇を中心とする熱狂に駆り立てた「八紘一宇」ということばと、それを創出した田中智学の謎に迫った、日本的精神を読み解く画期的論考。

小林よしのり　宮台真司　東浩紀
戦争する国の道徳
安保・沖縄・福島

日本は戦争する国になった。これは怒ることを忘れ、日米安保に甘えた国民の責任だ。しかし、今度こそ怒りつづけねばならない。日本を代表する論客三人が共闘することを誓った一冊。